Köster · Hannover 96

AF637065

Dirk Köster

Hannover 96 – die 100 wichtigsten Spiele

Geschichten, Berichte und Statistiken

Arete Verlag Hildesheim

Bibliografische Information der Deutschen Nationalbibliothek
Die Deutsche Bibliothek verzeichnet diese Publikation in der Deutschen Nationalbibliografie; detaillierte bibliografische Daten sind im Internet über http://dnb.ddb.de abrufbar.

© 2023 Arete Verlag Christian Becker, Osterstraße 31–32, 31134 Hildesheim
www.arete-verlag.de

Das Werk und seine Teile sind urheberrechtlich geschützt. Jede Nutzung in anderen als den gesetzlich zugelassenen Fällen bedarf der vorherigen schriftlichen Einwilligung des Verlages. Dies gilt auch und insbesondere für Vervielfältigungen, Übersetzungen, Verfilmungen und die Einspeicherung sowie Datenvorhaltung in elektronischen und digitalen Systemen.

Titelfoto: imago/Rust
Umschlagfotos (v.o.n.u.): 96-Archiv (2x), imago/Rust, Lars Kaletta
Layout, Satz und Umschlaggestaltung: Composizione Katrin Rampp, Kempten
Druck und Verarbeitung: Plump Druck & Medien GmbH, Rheinbreitbach
ISBN 978-3-96423-104-8

Inhalt

Einleitung ... 7
25. Juni 1899: Hannoversche Fußball-Club von 1896 – SV Hannovera 5:0 (1:0) ... 10
6. September 1903: HFC v. 1896 I – HFC v. 96 II 6:1 (1:1) ... 11
9. April 1905: Eintracht Braunschweig – Hannoversche FC 1896 3:2 (2:0, 2:2) n.V. 12
12. Mai 1907: Eintracht Braunschweig – HFC v. 1896 2:3 (0:2) ... 13
21. Juni 1913: Hannover 96 – Djurgardens Idrottsföreningen Stockholm 2:2 (1:0) 14
5. Oktober 1913: Hannover 96 – Altona 93 3:1 (1:1) ... 15
19. Oktober 1913: Hannover 96 – Eintracht Braunschweig 7:0 (4:0) ... 16
3. Mai 1914: Hannover 96 – Tottenham Hotspurs 3:6 (2:4) ... 17
1. Dezember 1918: Hannover 96 – 1902 Germania 4:1 (1:1) ... 18
1. September 1926: Auswahl Norddeutscher Südbezirk – Türkei 2:2 (1:1) ... 19
15. April 1934: Hannover 96 – RSV 1906 Hildesheim 13:1 (7:1) ... 20
7. April 1935: Eimsbüttler TB – Hannover 96 1:3 (0:1) ... 21
14. April 1935: Schalke 04 – Hannover 96 3:2 (1:1) ... 22
26. Juni 1938: Hannover 96 – Schalke 04 3:3 n.V. (0:2, 3:3) ... 24
3. Juli 1938: Hannover 96 – Schalke 04 4:3 n.V. (0:2, 3:3) ... 25
26. Dezember 1939: Eintracht Braunschweig – Hannover 96 2:4 (0:4) ... 27
1. September 1945: Hannover 96/Arminia Hannover – Britische Armee 6:0 ... 28
28. September 1947: Hannover 96 – Werder Bremen 0:1 (0:0) ... 29
14. August 1949: Hannover 96 – Vienna Wien 2:2 (0:1) ... 30
13. April 1952: Motor Dessau – Hannover 96 0:1 (0:0) ... 31
6. September 1953: Eintracht Braunschweig – Hannover 96 1:5 (0:2) ... 32
23. Mai 1954: Hannover 96 – 1. FC Kaiserslautern 5:1 (1:1) ... 33
5. September 1954: Espanyol Barcelona – Hannover 96 4:2 (1:0) ... 38
26. September 1954: Hannover 96 – Arminia Hannover 1:0 ... 40
26. Dezember 1954: Hannover 96 – FC. St. Pauli 1:1 (1:0) ... 41
6. August 1955: BSG Einheit Dresden – Hannover 96 1:2 (1:1) ... 42
23. Juni 1957: Mexiko – Hannover 96 3:0 (2:0) ... 44
17. November 1957: Hannover 96 – Eintracht Braunschweig 6:2 (3:1) ... 47
9. November 1958: Hannover 96 – AS Rom 1:3 (0:1) ... 48
7. Januar 1959: AS Rom – Hannover 96 1:1 (1:1) ... 49
29. Juni 1960: Hannover 96 – BV Osterfeld 3:0 (1:0) ... 50
7. Januar 1962: VfV Hildesheim – Hannover 96 3:1 (2:0) ... 51
4. März 1962: Hannover 96 – Eintracht Braunschweig 3:3 (2:2) ... 52
3. März 1963: Hannover 96 – Bergedorf 85 4:0 (3:0) ... 53
20. Oktober 1963: Hannover 96 – Arminia Bielefeld 2:1 (0:0) ... 54
20. Juni 1964: Alemannia Aachen – Hannover 96 3:2 (1:1) ... 55
28. Juni 1964: Hannover 96 – Hessen Kassel 3:1 (2:0) ... 56
22. August 1964: Borussia Dortmund – Hannover 96 0:2 (0:0) ... 58
3. Februar 1965: Hannover 96/Hamburger SV gegen Polen 2:2 (0:2) ... 59
14. April 1965: Hannover 96 – 1. FC Kaiserslautern 4:0 (2:0) ... 60
30. April 1965: Hannover 96 – Borussia Neunkirchen 1:1 (0:1) ... 61
18. September 1965: Hannover 96 – Borussia Neunkirchen 6:0 (4:0) ... 62
2. Oktober 1965: Tasmania Berlin – Hannover 96 1:5 (1:3) ... 63
10. November 1965: Hannover 96 – FC Porto 5:0 (2:0) ... 64
15. Dezember 1965: Hannover 96/Eintracht Braunschweig – Rumänien 3:1 (3:1) 65
2. März 1966: Hannover 96 – FC Barcelona 1:1 n.V. (1:0; 1:1) ... 66
11. Februar 1967: Fortuna Düsseldorf – Hannover 96 1:0 (1:0) ... 67
2. September 1967: Hannover 96 – Borussia Dortmund 2:2 (1:0) ... 68
6. Januar 1968: 1. FC Köln – Hannover 96 2:1 (1:0) ... 69
17. Februar 1968: Hannover 96 – HSV 2:2 (0:2) ... 70
7. Dezember 1968: Hannover 96 – Bayern München 1:0 (0:0) ... 71

21. Januar 1970: Spanien – Hannover 96 1:0 (0:0) ... 72
13. Januar 1971: FC Sevilla – Hannover 96 2:1 (2:0). ... 73
30. Juli 1971: Hannover 96 – FC Santos 1:3 (1:1) ... 74
22. April 1972: Hannover 96 – Werder Bremen 5:1 (3:0) ... 76
9. Juni 1973: Wuppertaler SV – Hannover 96 0:4 (0:2) ... 77
22. September 1973: Hannover 96 – Bayern München 3:1 (3:0) ... 80
1. August 1974: Hannover 96 – Alemannia Aachen ausgefallen ... 82
8. November 1975: Werder Bremen – Hannover 96 0:0 ... 83
17. April 1976: Hannover 96 – Eintracht Braunschweig 2:0 (0:0) ... 84
16. Oktober 1976: Hannover 96 – Arminia Hannover 1:0 (1:0) ... 86
3. August 1979: Hannover 96 – OSV Hannover 0:1 (0:0) ... 88
27. Oktober 1981: Hannover 96 – Wattenscheid 09 6:0 (2:0) ... 90
9. Juni 1985: Hannover 96 – Hertha BSC 2:0 (1:0) ... 91
26. Oktober 1985: Hannover 96 – Fortuna Düsseldorf 1:0 (0:0) ... 92
22. November 1986: Hannover 96 – Karlsruher SC 8:0 (2:0) ... 93
14. Juni 1987: FSV Salmrohr – Hannover 96 5:5 (0:3) ... 94
16. April 1988: Hannover 96 – Bayern München 2:1 (0:1) ... 95
14. September 1990: TSV Havelse – Hannover 96 1:2 (1:1) ... 96
23. Mai 1992: Borussia Mönchengladbach – Hannover 96 3:4 (0:0, 0:0) n. E. ... 98
15. September 1992: Werder Bremen – Hannover 96 3:1 (3:1) ... 102
30. September 1992: Hannover 96 – Werder Bremen 2:1 (2:1) ... 102
18. November 1994: Hannover 96 – FC Homburg 4:3 (3:1) ... 104
27. September 1996: Sportfreunde Ricklingen – Hannover 96 0:2 (0:1) ... 105
5. Juni 1997: Energie Cottbus – Hannover 96 3:1 (1:1) ... 106
20. September 1997: Hannover 96 – Göttingen 05 10:0 (6:0) ... 107
24. Mai 1998: Hannover 96 – TeBe Berlin 5:1 n. Elfmeterschießen 2:0 (1:0) ... 108
21. Februar 1999: KFC Uerdingen – Hannover 96 0:1 (0:0) ... 110
13. Juni 1999: SpVgg Greuther Fürth – Hannover 96 0:1 (0:0) ... 111
30. März 2002: Hannover 96 – FC Schweinfurt 05 6:0 (4:0) ... 112
5. April 2003: Hannover 96 – Bayern München 2:2 (2:0) ... 114
29. August 2004: Borussia Dortmund – Hannover 96 1:1 (1:0) ... 116
23. Januar 2005: Hannover 96 – Bayer 04 Leverkusen 0:3 (0:2) ... 117
8. November 2006: Bayern München – 96 0:1 (0:1) ... 118
31. Januar 2007: Hannover 96 – Hertha BSC 5:0 (3:0) ... 119
23. Mai 2009: Arminia Bielefeld – Hannover 96 2:2 (1:0) ... 120
29. November 2009: Hannover 96 – Bayern München 0:3 (0:1) ... 121
12. Dezember 2009: Bor. Mönchengladbach – Hannover 96 5:3 (2:1) ... 122
8. Mai 2010: VfL Bochum – Hannover 96 0:3 (0:3) ... 123
20. November 2010: Hannover 96 – Hamburger SV 3:2 (1:1) ... 125
25. August 2011: FC Sevilla – Hannover 96 1:1 (1:1) ... 126
3. November 2011: FC Kopenhagen – Hannover 96 1:2 (0:0) ... 128
26. August 2012: Hannover 96 – Schalke 04 2:2 (1:0) ... 130
15. September 2012: Hannover 96 – Werder Bremen 3:2 (2:1) ... 131
15. August 2015: Darmstadt 98 – Hannover 96 2:2 (1:0) ... 133
21. Mai 2017: SV Sandhausen – Hannover 96 1:1 (0:0) ... 134
25. August 2018: Werder Bremen – Hannover 96 1:1 (0:0) ... 136
13. Januar 2018: Hannover 96 – Mainz 05 3:2 (2:2) ... 137
6. März 2020: 1. FC Nürnberg – Hannover 96 0:3 (0:2) ... 138
3. Oktober 2020: Hannover 96 – Eintracht Braunschweig 4:1 (0:0) ... 139
19. Januar 2022: Hannover 96 – Borussia Mönchengladbach 3:0 (2:0) ... 140
Danksagung ... 142
Literatur und Quellen ... 143

Einleitung

Alles begann am 12. April 1896 mit der Gründung des Hannoverschen Fußball-Club (HFC) von 1896 durch ehemalige bürgerliche Schüler. Sie hatten sich für 16 Uhr zu einem Match auf dem Spielplatz neben dem Schützenhaus mit anschließender Vereinsgründung getroffen. Dieser traditionsreiche Ort liegt an der heutigen Bella Vista, nicht weit entfernt von der jetzigen Heinz von Heiden Arena, gegenüber dem Schützenplatz in Hannover, direkt zwischen der Polizeidirektion Hannover und der Internationalen Schule Hannover.

Als Vereinsgründer sind die Namen August Bormann, Arnold Fokke, Fritz Hoffmann, Georg Kindermann, Fritz Köllermeyer, Conrad Friedrich, Wilhelm Namendorff, August Riehn und Ernst Witte überliefert. Unterstützt wurden die Vereinsgründer vom „Vater der hannoverschen Ballspiele", Ferdinand-Wilhelm Fricke. Der HFC war nach dem DFV 1878 der zweite Fußballverein in der Stadt Hannover.

Eine Woche später wurde auf der ersten Generalversammlung des Vereins, an der 24 Mitglieder teilnahmen, mit Fritz Vogeler der 1. Vorsitzende des Vereins gewählt. In den Anfangsjahren betrieb man – wie man damals sagte – das Spiel mit dem ovalen Ball, den sogenannten Rugby-Fußball oder den Fußball mit Aufnehmen des Balles. Die zweite Sportart neben Rugby war in den Anfangsjahren des Vereins nicht der heute hoch gelobte Fußball, sondern die Leichtathletik.

Am 8. November 1896 bestritt der Verein in der Aufstellung E. Hoffmann, C.F. Namendorff, Riehn, F. Hoffmann, Witte, Prüsse, Ahrens, Beplate, Holtegel, Köllermeyer, Häse, W. Namendorff, Leutenmeyer, Kindermann und Fokke gegen die B-Mannschaft des DFV 1878 das erste Rugbyspiel auf der Innenfläche der Radrennbahn. Der HFC von 1896 verlor 0:11. 1898 wird in der HFC-Chronik vermerkt: „Als eine neue Gruppe in bisher noch nie gesehener Spielkleidung (weiß-grün gestreifte Trikots) auf der ‚Kleinen Bult' erschien, sagte einer, der mehr wusste als wir anderen: Das sind die 96er!" Mit dem Begriff „Kleine Bult" wurde einst das Gelände bezeichnet, auf dem aktuell das HCC und die ehemalige Oberpostdirektion in Hannover stehen – gegenüber dem heutigen Nachwuchsleistungszentrum von Hannover 96. Die 96er zogen sich zu der Zeit im sogenannten Fuchsbau an der Eisenbahnunterführung am Misburger Damm (der heutigen Marienstraße) um. Im Mai 1898 wurde im Verein eine Schülerabteilung gegründet, die regen Zuspruch fand.

Am 17. April 1898 wurde auf Anregung von Professor Rhaydt der Fußballverein Hannovera gegründet. Dieser Verein fusionierte 1913 mit dem HFC v.

1896 zum Hannoverschen Sport-Verein von 1896 e.V. Im August 1898 veranstaltete der HFC sein „1. Internationales Sportfest". Nach Ende des Sport- und Spielbetriebs ab Mitte November standen für die Mitglieder Schnitzeljagden auf dem Programm. Im Oktober 1899 gewann der HFC mit 3:0 gegen den DFV 1878 die erste Hannoversche Rugby-Meisterschaft.

Mit dem Gewinn dieser Meisterschaft hatte der HFC v. 1896 den sportlichen Gipfel im Rugby erreicht. Durch Wegzug oder Einberufung zum Militär schieden mehrere Spieler aus und die jugendlichen Nachrücker hatten wenig Spielerfahrung. Da die Jugendlichen nun das einfache Fußballspiel dem Rugby vorzogen und man für den Fußball nur 11 statt 15 Spieler benötigte, wurde an den Übungstagen öfter Fußball als Rugby gespielt. Die alten Asse der Rugby-Zeit mussten beim Association-Fußball langsam den jüngeren Spielern Platz machen, zumal sie als Berufstätige – es galt damals noch die Sechs-Tage-Woche mit min. zehn Stunden täglicher Arbeitszeit – kaum Zeit zum Üben oder für die Wettspiele hatten. Die jüngeren Spieler schauten sich fußballerisch überall etwas ab und hatten mehr Zeit fürs Training und Wettspiele.

Das erste „Associations-Fußballspiel" in Hannover fand nachweislich 1899 statt. Fußball zu spielen galt damals als ein Hobby für die sehr knapp bemessene Freizeit. Es gab keine Trainer und kein geregeltes Training. An den Übungsabenden kritisierten sich die Spieler untereinander und mangels genügender Trainingsbeteiligung wurde meist nur auf ein Tor gespielt.

Spiele hatten bereits in der damaligen Zeit einen besonderen Reiz. Feste Sportplatzanlagen gab es aber kaum. Die Vereine suchten sich in der Regel eine Spielfläche. Auch feste Spielfeldabgrenzungen oder gar eine Absperrung der Sportplätze kannte man damals noch nicht; deshalb war man bei der Durchführung von Spielen auf die Mithilfe des Publikums angewiesen. Diese mussten die Seitenlinien freihalten, dies gelang bei Wettspielen meist nur mithilfe einer beträchtlichen Zahl von Vereinsmitgliedern, die sich rund um das Spielfeld verteilten und dafür sorgten, dass die Zuschauer die Spielfläche freiließen. Auch der Auf- und Abbau der Tore gehörte genauso wie das Leiten der Spiele als Schiedsrichter, Bälle aufpumpen und gegebenenfalls Eintrittsgelder zu kassieren zur Verantwortung der jeweiligen Mannschaftskapitäne. Erst viel später entwickelten die Vereine dafür feste Spielorte und Strukturen.

Schon 1901 gab es auf dem DFB-Bundestag vom Berliner Verband den Antrag, Spielern bei auswärtigen Spielen Gehalt- bzw. Lohnerstattung zu zahlen, „weil sonst die besten Spieler nicht nach auswärts reisen könnten, was eine Schwächung der Spielstärke bedeuten würde". Dieser Antrag wurde abgelehnt, denn er wäre ein erster Schritt in Richtung Berufsfußball gewesen, der damals aber noch nicht gewollt war – erst mit Beginn der Bundesliga 1963 wurde das Berufsspielertum endgültig in Deutschland zugelassen.

In Hannover stellt der 12. Juli 1913 eines der wichtigsten Daten für die Fußballgeschichte der Stadt dar: Mit dem Zusammenschluss von HFC 1896 und BV Hannovera 1898 zum Hannoverschen Sport-Verein von 1896 e.V. wurde der neue Verein auf Anhieb mit 586 Mitgliedern und 15 aktiven Mannschaften zum größten und bald auch erfolgreichsten Fußballverein der Provinz Hannover. Bis heute ist Hannover 96 für viele Menschen auch außerhalb der Stadt ein wichtiger emotionaler Bezugspunkt.

Freundschaftsspiel

Das erste echte Fußballspiel von Hannover 96

25. Juni 1899: Hannoversche Fußball-Club von 1896 – SV Hannovera 5:0 (1:0)

An einem Sonntag im Juni 1899 war das Publikum in Hannover Zeuge eines interessanten Associations- (oder wie man heute sagen würde: Fußball-)Spiels. Es standen sich der Hannoversche Fußball-Klub von 1896 und der Sportverein Hannovera gegenüber. Es ist das erste Mal, dass einer der Gründungsvereine von Hannover 96 an einem Fußball Wettspiel teilnahm.

Es war nur der intensiven vereinsinternen Werbung des in Magdeburg geborenen Goalwarts (oder wie man heute sagen würde: Torhüters) Fischer zu verdanken, dass nach Ende der Rugbysaison ein Spiel mit dem runden Ball, also dem wirklichen und echten Fußball, stattfinden konnte.

Nach nur knapp einem Monat Training war es also bereits soweit und der HFC von 1896 betrat erstmals die Fußball-Bühne. Und die Schilderung von damals im Vereinsarchiv klingen für heutige Maßstäbe bizarr – so zitieren wir den damaligen Bericht des Chronisten, der das erste Fußball-Spiel des Vereins für das Archiv des HFC aufgeschrieben hat:

„Gegen ½9 Uhr morgens entwickelte sich auf dem leider mit etwas zu hohem Grase bedeckten Sportplatz vor dem Pferdeturm ein an interessanten Momenten nicht armes Spiel. Unsere spielten in der ersten Hälfte mit der Sonne im Rücken und nach vielen vergeblichen Anstrengungen gelang die Führung mit 1 Goal [wie man damals noch die erzielten Tore bezeichnete] zu gewinnen. Gleich nach dem Anstoß zur 2. Hälfte bekamen unsere das Leder in ihre Gewalt und sandten dasselbe nach blitzschneller schöner Kombination ins feindliche Goal ein. Immer und immer wieder griff die Stürmerreihe das Heiligtum des Gegners an und der Goalwart musste das Leder noch dreimal die Pfosten passieren lassen, sodass wir mit 5:0 Goals als Sieger gegen Hannovera vom Platze gingen".

Leider sind die Namen der Spieler, die Torschützen, Zuschauer in keinem Archiv verzeichnet worden.

VHBV-Liga

Erstes Meisterschaftsspiel

6. September 1903: HFC v. 1896 I – HFC v. 96 II 6:1 (1:1)

1903 entwickelte sich der HFC von 1896 im Fußballbereich sehr positiv. Die erste Mannschaft des Vereins zählte zu den stärksten Teams der Stadt. Da der Verein auch in der Breite gut aufgestellt war, beschloss der neu gegründete Verband, dass auch die Reservemannschaft des HFC am Ligaspielbetrieb teilnehmen sollte. Aber um das Punktspieldebüt ranken sich bis heute zahlreiche Mythen.

Im ersten Punktspiel des Vereins in der VHBV (Verband Hannoverscher Ballspielvereine) Liga, die nur aus fünf Vereinen bestand, trat Anfang September 1903 die 1. Mannschaft des Hannoverschen Fußballvereins gegen die eigene 2. Mannschaft des Vereins an. Weitere Mitglieder der Liga waren BV Hannovera, FC Eintracht Hannover und der spätere Stadtmeister Akademischer Ruder- und Ballspielverein (ARBV).

Ungewöhnlich ist, dass über dieses Spiel und den Beginn der VHBV-Liga in der handschriftlichen Chronik des Hannoverschen Fußball Clubs von 1896 kein Wort zu finden ist. Erst im Jahr 1904 wird in der Chronik erwähnt, dass im Herbst die Meisterschaftskämpfe, die zum größten Teil siegreich beendet wurden, starteten. So gilt als Originalquelle über das erste Punktspiel der Bericht im „Hannoverschen Anzeiger" vom 11. September 1903:

„Der Verband eröffnete am letzten Sonntag seine diesjährigen Herbstserienspiele. Nachmittags um 3½ Uhr spielte die erste Mannschaft des Hannoverschen Fußballvereins [obwohl es korrekt Fußball-Club hätte lauten müssen] gegen die zweite Mannschaft desselben Vereins. Beide Mannschaften, welche der ersten Klasse angehören, hatten unter der großen Hitze sehr zu leiden, besonders schlecht zeigte sich der Goalwart der zweiten Mannschaft. Das interessante Spiel … endete mit 6:1 Punkten [eine Anlehnung an den damals in Hannover noch dominierenden Rugbysport] zu Gunsten der ersten Mannschaft."

Die Stammformation zur damaligen Zeit lautete:
Backhaus, Südekum, Krebel, E. Staacke, Macke, Hoffmann, Rehm, Puritz II, Bühring, Leußler, Mauss

Endrunde um die Deutsche Meisterschaft

Engländer verstärken 96

9. April 1905: Eintracht Braunschweig – Hannoversche FC 1896 3:2 (2:0, 2:2) n.V.

Als der HFC 1905 die VHBV-Liga gewonnen hatte, nahm man erstmals an der Endrunde um die Deutsche Meisterschaft teil. Dabei verstärkten zwei Engländer, Stanley Dobinson und Geoffrey Charles Tripp, das Team. Sie waren 1904 nach Hannover gekommen. In der 96-Chronik wird die Geschichte erzählt, dass Stanley Dobinson in einem hannoverschen Park spazieren ging, in dem die HFC-Spieler übten. Er schoss einen Ball zurück, beeindruckte dabei und trainierte kurz darauf regelmäßig mit dem Team. Nach einiger Zeit brachte er seinen Landsmann Tripp mit zum Training. Über das Meisterschaftsspiel gegen Eintracht Braunschweig schrieben die Chronisten des HFC:

„Einen hervorragenden Eindruck für unsere Farben haben die sympathischen und fairen Engländer Dobinson und Tripp dabei hinterlassen, als der Meister des Herzogtums Braunschweig und der verlustpunktfreie Stadtmeister von Hannover als die unbestritten stärksten Mannschaften Ostniedersachsen aufeinandertreffen. Wir konnten illustre Namen aus dem Mutterland des Fußballs aufbieten, doch mit der blau-gelben Läuferreihe mit Poppe, Hagemann und Bülte waren die Braunschweiger in Magdeburg Favoriten."

Als Braunschweig zur Halbzeit deutlich mit 2:0 führte, schien alles klar zu sein. Doch die kampfstake Elf aus Hannover erzwang die Verlängerung, die Eintracht erst in der 110. Minuten durch ein Tor von Detmar für sich positiv gestalten konnte. Die beiden Engländer wurden vom Publikum „David und Goliath" genannt. Dobinson war nur knapp 1,60 m, Tripp hingegen knapp 2 m groß. Nach etwa mehr als einem Jahr verließen die beiden Briten Hannover wieder Richtung Heimat. Dobinsons Vater war zu der Zeit einer der Direktoren des auch heute noch aktiven Proficlubs Middelsborough FC.

Hannover 96: Pape, Krebel, Tripp, August Macke, Staake, Schmidt, Puritz, Emil Macke, Bühring, Dobinson, Rehm
Schiedsrichter: Dreßler (Magdeburg)
Zuschauer: unbekannt, Victoria Platz in Magdeburg
Tore: 1:0 Detmar (15.), 2:0 Kämpfer, 2:1 Dobinson, 2:2 Bühring, 3:2 Detmar (110.)

Freundschaftsspiel

Erster Sieg über Eintracht Braunschweig

12. Mai 1907: Eintracht Braunschweig – HFC v. 1896 2:3 (0:2)

Im 12. Spiel beider Vereine gegeneinander gelang dem HFC v. 1896 mit dem 3:2-Auswärtserfolg der erste Sieg über Eintracht Braunschweig in dem Derby, das bis heute fast 180-mal stattfand.

Die „Allgemeine Sportzeitung" aus Berlin schrieb über das Spiel:

„Mit dem Anstoss der Gäste kommen diese gleich in gefährliche Nähe des feindlichen Tores, aber die Schusssicherheit fehlt und von den Verteidigern getreten wandert der Ball Eintrachts Stürmern zu, die diesen in schnellem Laufe dem 96er Tor nahebringen. Aber die 96er Hintermannschaft ist auf der Hut und wehrt jeden Angriff ab. So wogt das Spiel auf und ab, ohne einer Partei einen Erfolg zu bringen. Dank ihrer Aufopferung hat 96 jetzt sichtlich mehr vom Spiel. Des öfteren kommen Ihre Stürmer an das feindliche Tor. Eintracht spielt zu zerfahren und leichtsinnig und lässt verschiedene gute Bälle aus oder die 96er Hintermannschaft vereitelt diese. Dreimal kann Mues durchbrechen – schiesst aus kurzer Entfernung – und dreimal hält der 96-Torwächter glänzend. In der 28. Minute erhält der 96er Bühring den Ball zugespielt umgeht die Verteidigung Eintrachts und schiesst unhaltbar ein. Durch diesen Erfolg ermutigt, greifen Sie wieder und wieder an und der Erfolg bleibt nicht aus. Hart bedrängt leistet sich Eimbeck in der 38. Minute ein Selbsttor und stellt das Spiel auf 2:0. Nach der Pause legt sich Eintracht mächtig ins Zeug. Doch alles Bemühen ist erfolglos. 96's Hinterspieler arbeiten heute brillant. In der 60. Minute erhält Rehm den Ball, überspielt die Verteidigung Eintracht's und das 3. Tor für Hannover sitzt. Jetzt kommt Eintracht auf und drängt bis zum Schlusse. Mues kann zweimal für seine Farben einsenden und stellt das Resultat auf 3:2. Zwei Minuten vor Schluss lässt Poppe eine sichere Chance aus, die das ausgleichende Tor bringen musste, und als der Schiedsrichter abpfiff, hatte der H.F.C. v. 96 mit 3:2 gesiegt."

Hannover 96: von Röder, Schmidt, Jersch; Walstab, Prillwitz, Schrader; Mews, Staacke, Bühring, Frahm, Rehm
Schiedsrichter: Bessler (BV Hannovera)
Zuschauer: unbekannt, in Braunschweig
Tore: 0:1 Bühring (28.), 0:2 Eimbeck (38./Eigentor), 0:3 Rehm (60.), 1:3 Mues (70.), 2:3 Mues (76.)

Freundschaftsspiel

Internationale Gäste aus Schweden

21. Juni 1913: Hannover 96 – Djurgardens Idrottsföreningen Stockholm 2:2 (1:0)

Am 12.6.1913 wurde der Zusammenschluss des HFC v. 1896 und BV Hannovera 1898 zum Hannoverschen Sport-Verein von 1896 beschlossen. Der neue Verein war mit 586 Mitgliedern und 15 aktiven Mannschaften der größte Fußballverein der Provinz Hannover. Wenige Tage nach dem Zusammenschluss kam mit Djurgardens Stockholm der erste internationale Gast zu einem Spiel nach Hannover. Beide Teams boten ein tolles Kampfspiel.

In der Vereins-Chronik ist zu lesen:

„Die unsrigen begannen äußerst offensiv und kamen zu einigen guten Tormöglichkeiten, aber Stürmer Frahm wurde ein ums andere Mal von der Stockholmer Defensive gestoppt. Danach stärkte Djurgarden seine Angriffsbemühungen und es entwickelte sich ein gleichwertiges Spiel, das nach einem schnellen Konter von Wagner dann 1:0 für uns stand. Und dann schien ein 2. Tor für die unsrigen gewiss, als uns ein Handelfmeter zugesprochen wurde. Aber aufgrund der Proteste der Zuschauer und der Schweden schoss Ruppert den Ball absichtlich weit am Tor vorbei. Diese Szene sorgt für viel Beifall von den Rängen und so wechselte man mit 1:0 die Seiten. In der zweiten Halbzeit waren unsrige zu Beginn erneut überlegen und sorgten für viele Tormöglichkeiten – aber unsere Spieler wurden müde und so kamen die Gäste auf und konnten das 1:1 erzielen. Ein schneller Vorstoß brachte dann Voges vor das gegnerische Tor, wo er regelwidrig gerempelt wird. Den dafür vom Schiedsrichter gegeben Elfmeter wird von Wagner ohne Probleme zur 2:1 Führung verwandelt. Aber es dauerte nicht lange und die Gäste spielten unseren Torhüter Matthis aus und kamen zum verdienten 2:2 Ausgleich. Mit diesem Spielstand endete dann auch das Spiel. Nach dem Spiel trafen sich alle Sportler noch zu einem Kommerz und einem langandauernden Zusammensein."

Hannover 96: Matthis, Staacke, Denecke, Meyering 2, Ruppert, Reiser, Voges, Frahm, Wagner, Bühring, Meyering 1
Schiedsrichter: Hauenschild (Hamburg)
Zuschauer: unbekannt, Radrennbahn Hannover
Tore: 1:0 Wagner, 1:1 unbekannt, 2:1 Wagner (Elfmeter), 2:2 unbekannt
Besondere Vorkommnisse: Ruppert (96) verschießt Elfmeter

Verbandsliga Niedersachsen

Erstes Liga-Heimspiel als Hannover 96

5. Oktober 1913: Hannover 96 – Altona 93 3:1 (1:1)

Der neue Verein Hannover 96 bestritt das erste Heimspiel in der neugegründeten Verbandsliga Norddeutschland im Oktober 1913 gegen Altona 93. Der 96-Chronist berichtet über dieses Spiel wie folgt:

„Das hannoversche Publikum war vor dem ersten Heimspiel der Saison in der neuen Spielklasse sehr skeptisch, hatte das Team doch das Auftaktspiel beim Eimsbütteler TV mit 2:1 verloren. So erwartete man Umstellungen in unserem 96-Team. Aber der zuständige Spielausschuß ließ sich nicht beeinflussen und setzte auf die Stammelf, nur der genesene Bühring spielte wieder mit. Wir setzten in diesem Spiel auf unsere starke Läuferreihe. Wir starteten überraschend offensiv und Voges hat bereits nach 2 Minuten eine große Torchance – die er aber nicht nutzen konnte. Nach einem Fehler von Altonas Torwart schießt Imke zur 1:0-Führung ein. Und obwohl Nationalspieler Jäger sicher bewacht wird, gelingt es ihm dann noch vor der Halbzeitpause der 1:1-Ausgleich.

Nach der Pause setzt heftiger Regen ein – doch beide Mannschaften sorgen für Chancen auf beiden Seiten. Nach gut 70 Minuten werden unsere vor allem durch zahlreiche Torschüße von Faust gefährlicher. Und dann bekommen wir zwei Elfmeter zugesprochen – das sollte doch zum ersten Sieg reichen. Aber weder Voges noch Frahm gelingt es, den Ball vom Punkt im gegnerischen Tor unterzubringen.

Es sind noch knapp 10 Minuten zu spielen und es steht weiter 1:1, bevor Frahm sein Können zeigt. Er kann unhaltbar zur 2:1-Führung einschießen. Der Jubel auf der Tribüne ist ohrenbetäubend und als Faust eine Flanke auf Imke sendet, wird diese zum 3:1-Endstand eingeschossen, da steigert sich der Jubel auf den Rängen zum Orkan."

Hannover 96: Seile, Denecke, Staacke, Lyberg, Glade, Ruppert, Faust, Frahm, Bühring, Imke, Voges
Schiedsrichter: Schlender (Werder Hannover)
Zuschauer: unbekannt, Radrennbahn Hannover
Tore: 1:0 Imke, 1:1 Jäger, 2:1 Frahm, 3:1 Imke
Besonderer Vorkommnisse: Voges und Frahm (beide 96) verschießen Elfmeter

Verbandsliga Norddeutschland

7:0-Sieg über Eintracht Braunschweig

19. Oktober 1913: Hannover 96 – Eintracht Braunschweig 7:0 (4:0)

Dieses Punktspiel-Ergebnis würde heute sicher bei allen Fans von Hannover 96 für Ekstase sorgen. Der amtierende Norddeutsche Meister aus Braunschweig erlitt gegen eine besonders gut spielende Hannover 96-Mannschaft eine unerwartet hohe Niederlage in der Verbandsliga Norddeutschland. Der schwedische Legionär Lyberg, der im 96-Team mitspielte, war der überragenden Defensivspieler und stoppte zahlreiche Angriffe der Eintracht. Der Spielbericht in der Chronik von Hannover 96:

„96 begann das Spiel mit dem Anstoß und bereits der erste Angriff wurde von Bühring (vollendet), der einen durchgespielten Pass einen Meter vor dem Eintracht Tor stehend einschoss. Es waren noch keine 5 Minuten vergangen, als Bühring einen von der Torlatte abprallenden Ball per Kopf zur 2:0 Führung einköpfte. Danach löste sich Eintracht etwas aus der Umklammerung und kam selbst zu einigen Torgelegenheiten. Als der Schiedsrichter dann ein Tor für Eintracht wegen Regelwidrigkeit nicht anerkannte, passte Imke auf Frahm und der schoss unhaltbar zum 3:0 ein. Kurz darauf rettet 96-Torwart Seile knapp vor den Braunschweigern. Kurz vor der Halbzeitpause zieht Frahm aus 20 Metern ab und der Ball schlägt unhaltbar zum 4:0 ins Netz der Eintracht.

Nach der Halbzeit zeigt Eintracht viel Kampfgeist und drängt auf den Anschlusstreffer und da man gegen den Rivalen nicht gern verlieren möchte, verdoppeln sie ihre Anstrengungen. Aber 96 ist besser als der Norddeutsche Meister des Vorjahres und eine Kombination von Voges, Imke und Frahm führte zum 5. Tor und dann sorgen Bühring und Imke für den klaren Erfolg der 96er."

Hannover 96: Seile, Denecke, Staake, Lyberg, Glade, Ruppert, Faust, Frahm, Bühring, Imke, Voges
Zuschauer: unbekannt, Radrennbahn Hannover
Schiedsrichter: Puls (Hamburg)
Tore: 1:0, 2:0 Bühring, 3:0, 4:0, 5:0 Frahm, 6:0 Bühring, 7:0 Imke

Freundschaftsspiel

Erstmals echte Profis zu Gast bei 96

3. Mai 1914: Hannover 96 – Tottenham Hotspurs 3:6 (2:4)

Auf dieses Spiel, das im Mai 1914 stattfand, hatten die 96-Anhänger und -Spieler schon sehr lange gewartet. Man wollte schon seit langer Zeit gern einmal gegen echte Berufsspieler aus England antreten. Ein Freund des Vereins hatte erhebliche finanzielle Hilfen zur Verfügung gestellt, um erstmals eine englische Berufsspielermannschaft zu einem Gastspiel bei Hannover 96 verpflichten zu können. Die Verhandlungen zogen sich fast über 12 Monate hin, bevor es dann endlich soweit war. Damals legte man noch nicht so viel Wert auf die Berichterstattung über das eigentliche Spiel, sondern man versuchte, mit den Spiel-Berichten eher das Interesse am Fußball an sich zu stärken. So fanden wir im 96-Archiv folgenden Spielbericht:

„Und die berühmte Berufsspielermannschaft der Tottenham Hotspurs aus London zog nicht nur die Rekordkulisse von 9.000 Zuschauern an, sondern auch Mitglieder der ersten Gesellschaft Hannovers wie Prinz Waldemar von Preußen und Spitzen aus Politik, Gesellschaft, Industrie und Handel und auch die Damenwelt bot in ihren Toiletten ein entzückendes Bild, als sie erstmals einem Fußballspiel beiwohnten. Und die Fußballkunst der Gäste von Tottenham Hotspurs entzückte alle: Ballstoppen, Abgeben auch in vollem Lauf, Schnelligkeit, sichere Ballbehandlung und Täuschen waren für die Zuschauer ein Zeichen, dass die Berufsspielertruppe wie eine Maschine funktionierte. Die Unsrigen spielten so, wie sie seit langem, ich möchte fast sagen, wie sie noch nie gespielt haben. Erst ungefähr in der zwanzigsten Minute fällt das erste Tor und zwar für die Gäste."

So gehen die Schilderungen in diesem Bericht endlos weiter über dieses Spiel. Die 96-Spieler Staake und Ruppert beeindruckten offenbar so, dass sie nach dem Spiel von den Tottenham-Direktoren das Angebot erhielten, als Profis in London zu spielen.

Hannover 96: Seile, Staake, Quermann, Meyering, Glade, Ruppert, Voges, Imke, Bührung, Frahm, Faust
Schiedsrichter: Kröcher (Berlin)
Zuschauer: 9.000 auf der Radrennbahn Hannover
Tore: 0:1 unbekannt, 0:2 Elliott, 0:3 unbekannt, 0:4 unbekannt, 1:4 Bühring, 2:4 Frahm, 3:4 Bühring, 3:5 unbekannt, 3:6 Bliss

Freundschaftsspiel

Erstes Spiel nach Ende des Krieges

1. Dezember 1918: Hannover 96 – 1902 Germania 4:1 (1:1)

Nach dem Ende des 1. Weltkrieges beklagte Hannover 96 insgesamt 114 gefallene Vereinsmitglieder. Aber schon bald nach dem Ende des 1. Weltkrieges brandete die Sportbegeisterung wieder auf. Der Fußball wurde in der Bevölkerung immer beliebter und die Menschen wurden eingeladen, ihre Körper auf dem grünen Rasen beim Fußball zu stärken und wieder friedliche Wettkämpfe auszutragen. In der 96-Chronik heißt es, „dass der 1. Weltkrieg große Lücken bei Hannover 96 gerissen" habe und man bittet die Mitglieder darum, „die Reihen wieder zu schließen".

Hannover 96 strebte an, wieder an die Spitze der Vereine in Hannover zu gelangen. Der Leitspruch der damaligen Zeit zur Mitgliedergewinnung hieß: „Spieler heraus". Die vier Mannschaften, die Hannover 96 wieder aufgestellt hatte, sollten verstärkt werden. Der Ausschuss für Fußballspiele ließ in der damaligen Vereinszeitung wissen: „Sagt uns, wo ihr spielen wollt, und 96 wird versuchen, das zu berücksichtigen. Kommt zu den Übungstagen am Dienstag und Sonnabend und werbt auch bei Freunden und Bekannten, um Hannover 96 wieder zu stärken".

Schon im Dezember 1918, also wenige Wochen nach Kriegsende, fand das erste Freundschaftsspiel von Hannover 96 nach dem 1. Weltkrieg statt – Gegner war 1902 Germania Hannover. In der 96-Chronik ist dazu Folgendes zu finden: „Der Gegner trat zu Beginn unvollständig an, sie hatten erst nach der Pause die volle Mannschaft zusammen. Die unserigen waren während des ganzen Spiels überlegen, aber die Torschießerei war mangelhaft, sechs Eckbälle in kurzer Folge brachten keinen zählbaren Erfolg. Die Gäste nutzen bereits die erste Ecke zur Führung aus. Borchling glich vor der Pause noch aus. In der zweiten Halbzeit stellten Janke, Falke und Franke das Ergebnis auf 4:1 für 96".

Hannover 96: Schwedthelm, Wellhausen, Gercke, Bicker, Schmidt, Borchling, Janke, Frahm, Franke, Rehm, Falke
Schiedsrichter: unbekannt
Zuschauer: 500 auf der Radrennbahn Hannover
Tore. 0:1 unbekannt, 1:1 Borchling, 2:1 Janke, 3:1 Falke, 4:1 Franke

Freundschaftsspiel

Als dem deutschen Fußball in Hannover das (Flut-)Licht angeht

1. September 1926: Auswahl Norddeutscher Südbezirk – Türkei 2:2 (1:1)

Am Tag des ersten Flutlichtspiel in Deutschland sprach man von einer Sensation: Erstmals fand in Deutschland und zwar in Hannover ein Fußballspiel im Freien unter künstlicher Beleuchtung statt. Die türkische Nationalelf spielte gegen eine Auswahl des Norddeutschen Südbezirks. Federführend für das Zustandekommen dieses Spiel war Hannover 96, das auch das Stadion stellte.

Austragungsort dieses ungewöhnlichen Spiels war das damalige Stadion von Hannover 96 – die Radrennbahn an der heutigen Hans-Böckler-Allee in Hannover. Dieses Stadion war mit einer Lichtanlage ausgestattet, um Radrennen, die durch Wetterunbilden ausgefallen waren, in der Woche nachzuholen – und so nutzten erstmals auch Fußballer diese technische Neuheit für ein Freundschaftsspiel am Abend.

Es wurde die aus „34 Lampen bestehende Beleuchtungsanlage extra für dieses Spiel erweitert. Hinter den Toren wurden zusätzliche Lichtmasten aufgerichtet. Sämtliche Lampen wurden mit Reflektoren ausgestattet, sodass die Laufbahn und Spielfeld genügend erhellt wurden."

Um 20:05 Uhr begann das Spiel des Südbezirks mit drei Spielern von Hannover 96 gegen die türkische Nationalelf. Das erste Tor unter Flutlicht in Deutschland erzielte in der 22. Minute der Spieler Meyer von Arminia Hannover.

In den zeitgenössischen Berichten über dieses Spiel wird von einem glanzvollen Verlauf des Spiels berichtet und der verschwenderischen Fülle des künstlichen Lichts wird viel Raum eingeräumt. Zahlreiche Städte hatten Vertreter nach Hannover entsandt, um sich von dem Spiel unter künstlichem Licht ein Bild zu machen.

Südbezirk: Winkler (96), Buckendahl (Braunschweig), Frahm (96), Stusa, Bies, Kruse (alle Arminia), Heinrich (Braunschweig), H. Hofmann (96), Meyer (Arminia/55. Nolte/Werder Hannover), Friemel, Lange (beide Arminia)
Schiedsrichter: Birlem (Berlin)
Zuschauer: 10.000 auf der Radrennbahn Hannover
Tore: 1:0 Meyer (22.), 1:1 Mehmed (34.), 2:1 unbekannt, 2:2 Nolte

Gauliga Niedersachsen

Torrekord gegen RSV Hildesheim

15. April 1934: Hannover 96 – RSV 1906 Hildesheim 13:1 (7:1)

Die Zeitung „HA Sport" schrieb über den Kantersieg:

„Nach 2 Minuten sorgte Garske bereits für die Führung. Der folgende Anstoß wurde abgefangen und durch Taubert zum 2:0 verwandelt. Drei Minuten später erzielte 96 durch den gleichen Spieler bereits die 3:0-Führung. Danach berappelte sich Hildesheim etwas, aber die wenigen Gegenangriffe wurden von den 96ern sicher gestoppt und man stürmte wieder selbst auf das Tor von Hildesheims Keeper Spionska – der wurde durch einen scharf getretenen Elfmeter von Brinkmann bezwungen und kaum hatten sie die Gäste aus Hildesheim davon erholt, stand Taubert allein vor dem RSV-Tor und erzielte die 5:0-Führung. Bereits 2 Minuten danach erzielte Bonhagen das 6:0 und der 96-Sturm hatte weitere Chancen. Dann gab es einen Gegenangriff, den Semmler zum 6:1 ins leere 96-Tor drücken konnte. Aber 96 setzte nach. Malecki flankte unbedrängt in den Strafraum, Taubert springt über den Ball und der hinter ihm lauernde Meng schießt aus vollem Lauf zur 7:1-Halbzeitführung ein. Nach der Halbzeit vernachlässigte 96 das Flügelspiel und Hildesheims Abwehr fing sich etwas. So dauerte es bis zur 65. Minute, bevor der Torreigen fortgesetzt wurde. Garske verlängerte einen Freistoß von Gröck per Kopf zum 8:1. Auch den nächsten Angriff konnte Gröck zum 9:1 unterbringen. Als Malecki auf 10:1 erhöhte, wollten die 96er das Dutzend Tore schaffen und blieben weiter am Drücker. Gröck sorgt bald für das 11:1, bevor Sekunden später Malecki unter großem Jubel der Zuschauer für das 12:1 sorgte. Aber bereits in derselben Spielminute besorgte Meng mit einem wuchtigen Schuß den 13:1-Entstand."

Der damalige Trainer Robert Fuchs war 18 Jahre bei Hannover 96 verantwortlich. Er begann im Mai 1932 bei 96 als eher unbekannter Trainer.

Hannover 96: Sievert, Gröck, Petzold, Deike, Garske, Taubert, Brinkmann, E. Meng, Malecki, Bonhagen, R. Meng
Schiedsrichter: unbekannt
Zuschauer: 1.500 auf der Radrennbahn Hannover
Tore: 1:0 Garske (2.), 2:0, 3:0 Taubert (3./6.), 4:0 Brinkmann (Elfmeter), 5:0 Taubert, 6:0 Bonhagen, 6:1 Bruns, 7:1 Meng, 8:1 Garske (65.), 9:1 Gröck, 10:1 Malecki, 11:1 Gröck, 12:1 Malecki, 13:1 Meng

Endrunde Deutsche Meisterschaft

Vom Feldspieler zum Meistertorwart

7. April 1935: Eimsbüttler TB – Hannover 96 1:3 (0:1)

Hannover 96 erreichte im März 1935 die insgesamt 12. Regionale Meisterschaft und qualifiziert sich damit für die Endrunden Gruppe 2 um die Deutsche Meisterschaft. Im ersten Gruppenspiel zur Deutschen Meisterschaft im April 1935 hieß der Gegner Eimsbütteler TB.

Hannover 96 begann dieses Spiel aus einer starken Defensive. Nach gut einer halben Stunde wurde Hannover 96 das deutlich stärke Team. Eine Flügelkombination der Gebrüder Meng landete bei Edmund Malecki, der unhaltbar zur 1:0-Führung einschoss. Nach der Halbzeitpause spielte 96 weiter offensiv und neun Minuten nach der Halbzeit überspurtete Edmund Malecki den gegnerischen Keeper Böhlcke und schoss zum 2:0 ein. Dann verletzte sich 96-Keeper August Sievert, als er den Anschlusstreffer zum 1:2 verhindern wollte, schwer und musste ausscheiden. Für ihn übernahm, da damals noch nicht ausgewechselt werden durfte, Stürmer Ludwig Pritzer den Platz zwischen den Pfosten und zeigte, was er im Tor zu leisten vermochte. Mit zehn Spielern kämpfte 96 noch energischer und kam in der 72. Minute erneut durch Edmund Malecki zur 3:1-Führung. Danach versuchte Eimsbütttel mit aller Macht, das Ergebnis zu verbessern, aber die 96-Abwehr ließ sich nicht mehr beeindrucken.

Nachdem August Sievert nach dieser Verletzung seine Laufbahn beenden musste, wurde Ludwig Pritzer Stammtorwart bei 96. Er war der erste Torwart, der bei 96 auch überregional für Aufsehen sorgte – er stand auch bei der ersten Deutschen Meisterschaft 1938 im Tor. Der gelernte Schlosser war zu Beginn seiner Karriere ein guter Läufer. Nach seinem Wechsel ins Tor berief ihn DFB-Nationaltrainer Dr. Otto Nerz zu Sichtungslehrgängen der Nationalelf.

Hannover 96: A. Sievert, H. Sievert, Petzold, Brinkmann, F. Deike, Pritzer, Malecki, Garske, Wente, E. Meng, R. Meng
Schiedsrichter: Röhrbein (Berlin)
Zuschauer: 7.000 auf dem Altonaer FC Platz in Altona
Tore: 0:1 Malecki (35.), 0:2 Malecki (52.), 1:2 Ahlers (58.), 1:3 Malecki (72.)

Endrunde Deutsche Meisterschaft Gruppe 2

Familienbande bei Hannover 96

14. April 1935: Schalke 04 – Hannover 96 3:2 (1:1)

96-Trainer Robert Fuchs holte zu Saisonbeginn 1934/35 vom 1. FC Idar fünf neue Spieler zu Hannover 96: Erich, Hugo, Paul und Richard Meng sowie Torwart Helmut Eli. Es hätten gar noch mehr Spieler mit dem Namen Meng werden können, aber Bruder Rudolf fühlte sich für einen Wechsel zu alt und Vetter Emil Meng blieb lieber in der Heimat. 96 qualifizierte sich in dieser Saison erstmals seit 1905 wieder für die Endrunde um die Deutsche Meisterschaft und traf auf Schalke 04, Eimsbüttler TV und Stettiner SC.

Am 14.4.1935 kam es zwischen dem Favoriten Schalke 04 und 96 zu einem hart umkämpften Spiel – gleich drei Spieler wurden des Feldes verwiesen. Selbst der Siegtreffer per Handelfmeter durch Szepan war umstritten. Gegen den Deutschen Meister aus Gelsenkirchen standen mit Erich, Hugo und Richard erstmals verbrieft drei Meng-Brüder gemeinsam für 96 auf dem Platz, auch wenn man damals kaum Wert auf die Vornamen der Spieler legte, sondern die Brüder einfach als I, II und III in den Spielberichten festhielt. Sie sind damit Familienrekordhalter in einem Team auf höchstem Niveau in Deutschland.

Es gibt aber noch mindestens zwei weitere Familien-Rekorde bei Hannover 96: Beim Gauliga-Spiel im Januar 1934 gegen den SV 1911 Algermissen traten die Gäste gleich mit zwei Brüderduos Deppe und Bettels an und Hannover 96 spielte mit 2 Meng-Brüdern.

Und im Februar 1935 waren beim Spiel Hannover 96 gegen den Bremer SV, das 96 9:2 gewann, ein Brüderduo und ein Brüdertrio für 96 im Einsatz: Torwart August Sievert und sein Bruder Helmut als Verteidiger sowie Erich, Hugo und Richard Meng.

Hannover 96: Pritzer, Petzold, Sievert II, Gröck, Deike, Meng I, Meng II, Meng III, Wente, Garske, Malecki
Schiedsrichter: Forst (Köln)
Zuschauer: 38.000 im Stadion Rote Erde in Dortmund
Tore: 1:0 Poertgen (28.), 1:1 Gröck (30.), 2:1 Kuzorra (59.), 2:2 Malecki (60.), 3:2 Szepan (Handelfmeter 85.)
Besondere Vorkommnisse: Platzverweise: Nattkämper (S04), Fritz Wente, Willi Petzold (beide 96)

Deutsche Meisterschaft 1938

96 begann die Saison 1937/38 mit einer Auftaktniederlage in Algermissen. Aber das junge Team fing sich bald und führte die Tabelle lange Zeit an. Im Februar 1938 verlor man jedoch daheim mit 0:1 gegen Arminia Hannover und dann auch bei Werder Bremen mit 1:4. Anfang März gastierte Eintracht Braunschweig bei 96. Als Eintracht nach 62. Minuten mit 2:0 führte, fragten sich die meisten der 20.000 Zuschauer, ob der Traum von der Meisterschaft geplatzt wäre. Aber Edmund Malecki und Ludwig Männer sorgten spät für den 2:2-Ausgleich und retteten einen wichtigen Punkt für 96. Im Kampf um die Tabellenspitze mit dem punktgleichen VfL Osnabrück zählten danach nur noch Siege mit möglichst viele Toren. 96 siegte beim VfB Peine mit 6:0 und so musste das Heimspiel gegen den ASV Blumenthal am 20.3.1938 die Entscheidung bringen. 96 gewann deutlich mit 12:0 und belegte mit einem Punktverhältnis von 28:8 und einem Torverhältnis von 77:20 den 1. Rang vor dem punktgleichen Osnabrückern, die nur auf 37:16 Tore kamen. Hannover 96 holte damit seinen 13. Meisterschaft auf regionaler Ebene und qualifizierte sich für die Endrunde um die Deutsche Meisterschaft.

Dort lief es in den sechs Gruppenspielen positiv für 96. Man begann mit einem 1:0-Heimsieg über Hanau 93, bevor dann der Favorit 1. FC Nürnberg zu Hause vor 20.000 Zuschauern mit 2:1 besiegt wurde. 14 Tage später gewann 96 gegen Hanau mit 3:1. Bei Alemannia Aachen folgte ein 2:1-Auswärtssieg und zu Hause ein deutliches 6:1. Zum entscheidenden Spiel kam es am 22.5. beim 1. FC Nürnberg. Ein Unentschieden hätte 96 bereits zum erstmaligen Einzug ins Halbfinale um die Deutsche Meisterschaft gereicht. Angeführt vom gebürtigen Nürnberger Ludwig Männer behielt Hannover 96 trotz der frühen Führung des 1. FC Nürnberg kühlen Kopf und konterte die Gastgeber aus. Edmund Malecki erzielte in der 26. Minute den 1:1-Ausgleich und Richard Meng sorgte in der 81. Minute mit dem 2:1-Siegtor für den Einzug ins Halbfinale.

Dieses fand am 29.5.1938 in Dresden gegen den Hamburger SV statt. 18.000 Zuschauer sahen nach 23 Spielminuten bereits mit 2:0-Führung des HSV. Aber Peter Lay sorgte mit zwei Toren für das 2:2 nach 90 Minuten und die Verlängerung, die 96 nach einem Platzverweis für Verteidiger Albert Reckel kurz vor dem Abpfiff nur noch zu zehnt bestreiten konnte. Knapp zwei Minuten nach Beginn der Verlängerung umspielte Edmund Malecki den HSV-Torwart und schoss zum 3:2-Siegtreffer ein. Mit diesem Tor wurde das Spiel nach den damals geltenden Regeln sofort beendet. 96 stand im Finale um die Deutsche Meisterschaft!

1. Finale Deutsche Meisterschaft 1938

Kein Sieger nach 120 Minuten

26. Juni 1938: Hannover 96 – Schalke 04 3:3 n.V. (0:2, 3:3)

Schalke 04 galt als klarer Favorit im Juni 1938 im Olympiastadion Berlin und führte bereits zur Halbzeit mit 2:0: Nach einem Handspiel von Helmut Sievert verwandelte Schalke den fälligen Elfmeter zum 1:0, Szepan sorgte in der 35. Minute für die 2:0-Pausenführung. In der Halbzeit fragten sich die mehr als 15.000 mitgereisten Fans, ob 96 noch Chance habe.

Das Team von 96-Trainer Robert Fuchs bäumte sich aber auf und kurz nach Wiederanpfiff sorgte Richard Meng mit dem 1:2 für Hoffnung bei den 96ern. Als jedoch Poertgen in der 67. Spielminute den Ball zum 1:3 an 96-Torwart Pritzer vorbei einschoss, schien 96 das Finale verloren zu haben. Doch 96-Kapitän Ludwig Männer trieb seine Mitspieler unermüdlich an und in der 76. Minute half der Schalker Gellesch mit einem Eigentor zum 2:3.

Die 96-Spieler belagerten nun den gegnerischen Strafraum, aber das Schalker Tor war wie vernagelt. Zehn Minuten vor dem Abpfiff tauchten Szepan, Mecke und Kalwitzki urplötzlich frei vor dem 96-Tor auf, doch Kalwitzki verzieht den Ball. Kurz danach liegt der Ball nach einem Schuss von Poertgen im Tor von Hannover 96 – Schiedsrichter Peters entscheidet zum Glück auf Abseits. Die Uhr läuft dennoch weiter unbarmherzig gegen 96. Als am Spielfeldrand bereits die Vorbereitungen für die Meisterfeier der Schalker anlaufen, führt 96-Torhüter Ludwig Pritzer einen Freistoß schnell aus, sein Ball erreicht Edmund Malecki auf dem rechten Flügel. Der schaut und spielt Erich Meng im gegnerischen Strafraum an. Im Nachschuss gelingt Meng der 3:3-Ausgleich, der für die Verlängerung sorgt. In diesen 30 Minuten passiert nicht mehr viel auf dem Rasen und so kommt es erstmals seit 1922 wieder zu einem Wiederholungsspiel um die Deutsche Meisterschaft.

Hannover 96: Pritzer, Sievert, Petzold, Jakobs, E. Deike, Männer, Malecki, Pöhler, E. Meng, Lay, R. Meng
Schiedsrichter: Peters (Berlin)
Zuschauer: 90.328 im Olympiastadion Berlin
Tore: 0:1 Poertgen (29./Handelfmeter), 0:2 Kawlitzki (35.), 1:2 R. Meng (47.), 1:3 Poertgen (67.), 2:3 Gellesch (76./Eigentor), 3:3 E. Meng (87.)

2. Finale um die Deutsche Meisterschaft 1938

Die Gebrüder Meng sorgen für Hannovers Olymp

3. Juli 1938: Hannover 96 – Schalke 04 4:3 n.V. (0:2, 3:3)

Auch das zweite Finale im Juli 1938 im vollbesetzten Berliner Olympiastadion geht über 120 Minuten. Nach der überraschenden Führung durch Peter Lay erzielte Schalke 04 in der 23. Minute den Ausgleich, als ein Schuss von Kuzorra noch leicht abgefälscht zum 1:1 Halbzeitstand einschlägt. In der 2. Halbzeit plätschert das Spiel mit leichten Vorteilen für Schalke 04 dahin, ehe Kuzorra in der 69. Minute für die Schalker Führung sorgt. Im direkten Gegenzug schlägt Edmund Malecki den Ball in den Schalker Strafraum. Seine Flanke wird vom Schalker Keeper Klodt zu kurz abgewehrt und Richard Meng erzielt den 2:2-Ausgleich. Doch der Torjubel der über 20.000 Hannoveraner ist noch nicht verklungen, als erneut die Schalker Fans jubeln. Szepan traf aus abseitsverdächtiger Position zum 2:3. 96 kommt danach kaum noch zu Torchancen und so verrennen die Minuten. Edmund Malecki schießt mit dem Mute der Verzweiflung den Ball in den gegnerischen Strafraum und dieser prallt dem Schalker Sontow unglücklich an den Arm – Schiedsrichter Grabler entscheidet auf Elfmeter. Johannes Jakobs verwandelt nach kurzem Anlauf den Strafstoß zum 3:3 – Verlängerung.

Auf Grund der hohen Temperaturen fehlt es den Teams nun an Kraft und Kondition. Schalke fordert nach einem angeblichen Handspiel vergeblich einen Elfmeterpfiff. In der 2. Halbzeit der Verlängerung machen unter den Zuschauern bereits erste Spekulationen über ein 3. Finale die Runde. Drei Minuten vor dem Abpfiff schießt Richard Meng nach einer Flanke von Peter Lay aus 12 Metern aufs Schalker Tor – Nationaltorwart Klodt kann den Ball nur abprallen lassen und Erich Meng ist zur Stelle und spitzelt den Ball zum 4:3-Sieg von 96 über die Torlinie. 96 hat die Sensation geschafft: Deutscher Meister 1938!

Die junge 96-Mannschaft hat sich nach 240 Finalminuten die Viktoria geholt. Erstmals ist damit ein Team aus Niedersachsen Deutscher Meister geworden.

Am Tag danach steht Hannover Kopf, als die Mannschaft gegen 19 Uhr am Bahnhof Hannover von den Honoratioren der Stadt abgeholt und in Pferdekutschen an den jubelnden Menschenmassen vorbei zur Stadthalle geleitet werden.

Hannover 96: Pritzer, Sievert, Petzold, Jakobs, E. Deike, Männer, Malecki, Pöhler, E. Meng, Lay, R. Meng
Schiedsrichter: Grabler (Regensburg)
Zuschauer: 95.000 im Olympiastadion Berlin
Tore: 1:0 Lay (9.), 1:1 Kuzorra (25.), 1:2 Kuzorra (69.), 2:2 R. Meng (71.), 2:3 Szepan (73.), 3:3 Jakobs (87./Handelfmeter), 4:3 E. Meng (117.)

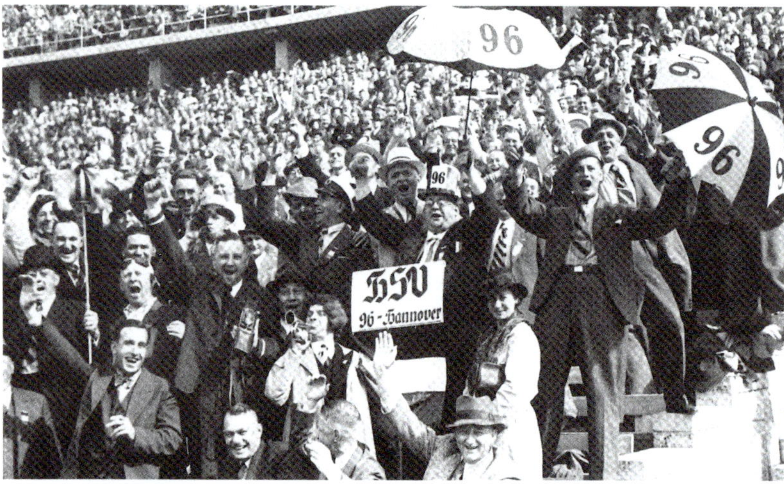

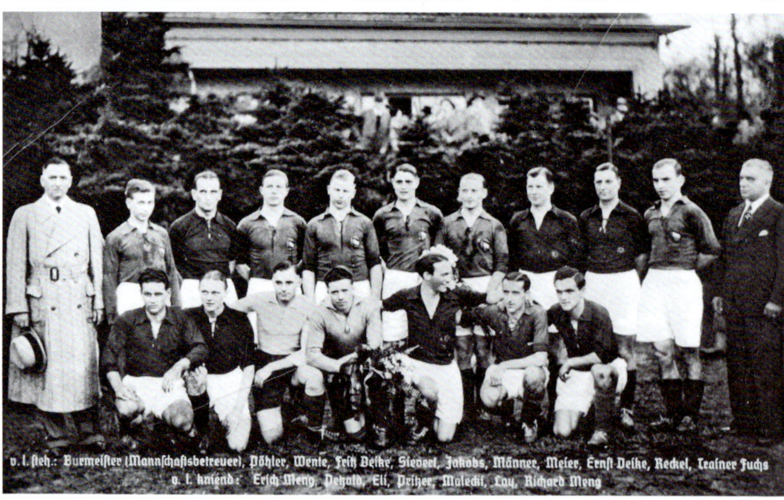

Oben: Bei beiden Finalspielen feuerten mehr als 10.000 mitgereiste 96-Anhänger ihr Team lautstark im Berliner Olympiastadion an.
Unten: Der Deutsche Meister von 1938. (beide Fotos: 96-Archiv)

Bereichsklasse Niedersachsen Süd

Mit dem Leichenwagen zum Derby-Sieg

26. Dezember 1939: Eintracht Braunschweig – Hannover 96 2:4 (0:4)

Mit Kriegsbeginn am 1. September 1939 wurden Meisterschaftsspiele im Fußball zunächst verboten. Später durften die Fußballbezirke in eigener Regie Übergangsrunden ansetzen. Am 2. Weihnachtsfeiertag 1939 kam es zu einem denkwürdigen Spiel, über das der damalige 96-Spartenleiter Harry Burmeister schrieb:

„Es gab eine Bahnsperre rund um Weihnachten und so organisierten wir einen Autobus, um nach Braunschweig zu fahren. Bei Schneetreiben kamen wir bis Lehrte, bevor der Bus kaputtging. Viele Leute versuchten, den Bus vergeblich wieder flott zu kriegen. So entschlossen sich Trainer Fuchs und ich dazu, den Gastgeber telefonisch zu informieren. Nach einem längeren Fußmarsch erreichten wir eine Gastwirtschaft und riefen in Braunschweig an. Ich schilderte unsere Lage. Zum Zwecke der Bestätigung rief Braunschweig in der Gastwirtschaft an. Während wir uns zurück auf die Autobahn begaben, fanden wir einen leeren Bus mit Fahrer vor. Dieser sagte, daß ein die Autobahn in Richtung Braunschweig passierender leerer Leichenwagen alle 14 Mann mitgenommen habe. So rief ich aus einem nah gelegenen Bauernhaus erneut in Braunschweig an und man teilte mir mit, daß unsere Mannschaft, zwar etwas verspätet aber wohlbehalten angekommen sei und mit 4:0 Toren in Führung liege. Meine Freude war groß. Ich bat noch darum, unseren Spielern auszurichten, dass wir mit dem wieder hergestellten Bus nach Braunschweig kommen werden und unser Team abholen würden – was auch geschah. Es dürfte nach meiner Ansicht einzig dastehen, daß eine Fußball Mannschaft ihre Reise zu einem großen, wichtigen Spiel in einem Leichenwagen antrat und auch noch ohne Trainer spielte."

96 gewann auch das Heimspiel gegen Eintracht Braunschweig Ende März 1940 mit 6:2 und wurde Meister der Bereichsklasse Niedersachen Süd.

Hannover 96: Kellner, E. Deike, Struck, Baumann, F. Deike, Männer, Nieland, Pöhler, Wente, Lay, Schuhmacher
Schiedsrichter: Jansen (Bremen)
Zuschauer: 7.000, Eintracht Stadion Braunschweig
Tore: 0:1 Männer, 0:2, 0:3 Nieland (10./35.), 0:4 Pöhler (55.), 1:4 Fricke (75.), 2:4 Naab (80.)

Freundschaftsspiel

Erstes Spiel nach dem 2. Weltkrieg

1. September 1945: Hannover 96/Arminia Hannover – Britische Armee 6:0

Nach dem 2. Weltkrieg war die Stadt Hannover sehr schwer beschädigt – nur knapp 8% der Gebäude wurden als nicht beschädigt eingestuft. Hannover hatte mehr als 250.000 Einwohner verloren. Man schätzte, dass nach Kriegsende nur noch 217.000 Menschen in der Stadt lebten. Aus der 96er-Meisterelf von 1938 waren Ernst Deike, Johannes Jakobs, Peter Lay, Erich Meng und Helmut Sievert verstorben. Wer dachte da schon an Sport? Aber bereits im Mai 1945 fanden wieder Fußballspiele in der Stadt Hannover statt, obwohl kaum ein Sportplatz noch intakt war. Anfang September 1945 strömen gut 4.000 Zuschauer in die Ruinen der Radrennbahn, um endlich wieder ein großes Fußballspiel in Hannover zu erleben. 96 und Arminia stellten ein kombiniertes Team, das gegen eine Auswahl der britischen Armee antrat.

Wie das Spiel verlief und wer beim 6:0-Sieg der Stadtauswahl dabei war, ist in den wenigen und sehr dünnen Zeitungen der damaligen Zeit nicht dokumentiert – das Resultat war nicht so wichtig wie das Spiel selbst.

„Es war eine schwere Zeit nach dem Ende des 2. Weltkrieges", berichtete 96-Urgestein Heinz Bothe später. „Wir haben einmal die Woche trainiert und zwar so, dass unser Training noch im Hellen beendet wurde. Es gab nicht genug Nahrung und wir haben daher oft ‚Kalorienspiele' gegen Gegner auf dem Land bestritten, wo wir in Naturalien entlohnt wurden. Wir Spieler erhielten Dosenwurst vor Ort, die wir unter uns aufgeteilt haben. Ganz besonders ist mir eine Begebenheit in Erinnerung geblieben. Eines Tages kam Mitspieler Fritz Deike wutentbrannt zum Training und präsentierte eine seiner Dosen, die er nach einem Spiel gegen einen Dorfverein erhalten hatte – es war aber nur Wasser drin und keine verwertbaren Kalorien."

Im Februar 1946 startete die Oberliga Niedersachsen und Hannover 96 spielte dabei u. a. gegen Eintracht Braunschweig, Wolfenbüttler SV und den VfB Peine. In der als einfache Serie ausgetragen Liga wurde Hannover 96 Dritter und scheiterte in der Endrunde zur Norddeutschen Meisterschaft knapp mit 1:2 gegen Werder Bremen.

Leider sind keine Details über die Aufstellungen, Torschützen und Zuschauern in den Archiven zu finden gewesen.

Oberliga Nord

„Zonenspringer" als Geheimrezept

28. September 1947: Hannover 96 – Werder Bremen 0:1 (0:0)

Zonenspringer lautete das Geheimrezept in der wilden Fußball-Zeit nach dem 2. Weltkrieg: Alle erlaubten und denkbaren Tricks und Kniffe wurden von den Verantwortlichen der Vereine angewendet, um eine erfolgreiche Mannschaft auf den Platz zu schicken. Ein oft genutztes Mittel waren die „Zonenspringer" – damit waren talentierte Spieler aus der „sowjetisch" besetzen Zone gemeint, die damals die kaum gesicherten Grenzen zwischen West- und Ost-Deutschland zu den Spielen im Westen kurzfristig überquerten und sich als Spieler bei Westvereinen etwas dazu verdienten und dann wieder für ihre Stammvereine im Osten spielten.

Auch 96 setzte in der Saison 1947/48 „Zonenspringer" ein, um die Mannschaft zu verstärken. Lothar Kunack, Manfred Fuchs, Heinz „Satti" Satrapa (er wurde 1949/50 mit 23 Toren erster Torschützenkönig der DDR-Oberliga) und Edi Schmidt, die eigentlich für den DDR-Meister von 1948, die SG Planitz spielten, verstärkten Hannover 96 in der Oberliga Nord bei einigen Spielen. Dazu stieß noch Torwart Herbert Pietzsch. „Ich erhielt von Braunschweigs Trainer Knöpfle das Angebot, dort zu spielen. Als ich vor Ort 96-Funktionäre traf und erfuhr, dass 96 große Torwartprobleme hatte, gab ich mein 96-Debüt in der Oberliga gegen Werder Bremen am 28.9.1947 in Hannover", erzählte der inzwischen verstorbene Torwart.

„Beim Spiel gegen Bremen konnte ich einen Torschuss an die Innenlatte abwehren und den abprallenden Ball sicher fangen. Diese Parade sorgte für Beifall von den Rängen – aber leider verloren wir knapp mit 0:1 durch ein spätes Gegentor. In den Berichten der Zeitungen stand, dass Werder 20 Ecken herausholte, aber nur ein mageres Tor erzielte", erinnerte er sich an dieses Spiel. „Kurz nach diesem Derby verletzte ich mich so schwer am Knie, dass die Saison für mich beendet war", so Herbert Pietzsch über sein Gastspiel in der noch nicht so reglementierten Zeit der kurzfristigen Vereinswechsel.

Aufstellung: unbekannt
Schiedsrichter: Stoppel
Zuschauer: 5.000 auf der Radrennbahn Hannover
Tor: 0:1 Heinrich (80.)

Freundschaftsspiel

Das erste internationale Freundschaftsspiel nach dem Krieg

14. August 1949: Hannover 96 – Vienna Wien 2:2 (0:1)

96 bestritt das erste internationale Freundschaftsspiel nach dem 2. Weltkrieg gegen Vienna Wien im August 1949. Die Gäste aus Österreich brachten für die Gastgeber in Hannover noch Care-Pakete mit zahlreichen Lebensmitteln mit nach Deutschland. Vienna begeisterte die Zuschauer mit tollem Kombinationsfußball und Flügelspiel. 96 setzte gegen die berühmte Wiener Fußballschule vor allem auf Kampf. Die Vienna-Spieler forcierten das Angriffsspiel stetig. In der 25. Minute stürmte Müllner auf das 96-Tor und schoss am herauslaufenden Torhüter Wickel vorbei zur 0:1-Führung ein. Danach hatten die 96er Pischel, Uppenkamp und Loth einige gute Torchancen, scheiterten aber am Wiener Keeper Engelmeier, der zum Erstaunen der Zuschauer ein himmelblaues Trikot und eine weiße Mütze auf dem Spielfeld trug.

Nach der Halbzeitpause sorgte 96-Mittelstürmer Loth in der 53. Minute mit einem Schuss ins linke obere Toreck für den verdienten Ausgleich. Nach einem Foul im Strafraum am Vienna Halbrechten Decker verwandelte dieser selbst den fälligen Elfmeter in der 65. Minute zur erneuten Führung der Wiener. Danach zeichneten sich beide Torhüter zahlreich aus. 96 drängte vehement auf den Ausgleich. Hannes Tkotz schoss den verdienten 2:2-Ausgleich. Kaum war der Torjubel der Spieler und Zuschauer verklungen, ertönte der Schlusspfiff des ersten internationalen Freundschaftsspiels nach dem 2. Weltkrieg von Hannover 96.

„Das war ein tolles Debüt für mich bei 96 – gleich in meinem ersten Spiel gegen einen internationalen Gegner auch ein Tor zu schießen", erinnerte sich Hannes Tkotz noch Jahre nach dem Spiel, zu dem er von 96-Trainer Fuchs nur aufgestellt wurde, weil einer der Stammspieler am Spieltag von seinem Arbeitgeber keinen Urlaub erhielt und so nicht am Spiel teilnehmen konnte.

Hannover 96: Wickel, Bothe, Reckel, Winkeler, Deminatus, Schütze, Tkotz, Uppenkamp, Loth, Pischel, Pietzkowski
Schiedsrichter: unbekannt
Zuschauer: 12.000 auf der Radrennbahn Hannover
Tore: 0:1 Müllner (25.), 1:1 Loth (53.), 1:2 Decker (65. Elfmeter), 2:2 Tkotz (89.)

Freundschaftsspiel

Erstes Spiel in der DDR

13. April 1952: Motor Dessau – Hannover 96 0:1 (0:0)

Nach dem 2. Weltkrieg gab es durch die politische Block-Bildung kaum Gelegenheiten, gegen Mannschaften aus dem Osten Deutschlands anzutreten. Hannover 96 bewarb sich sehr früh um die Aufnahme in den deutsch-deutschen Sportverkehr und erhielt dadurch die Chance, zu Spielen gegen Mannschaften „hinter dem Eisernen Vorhang" eingeladen zu werden. Zu Ostern 1952 reiste man erstmals in die „sowjetisch besetzte Zone", wie man die DDR damals zumeist im Westen noch bezeichnete. Über die ersten Spiele von Hannover 96 in Dessau und Leipzig ist nur sehr wenig in Zeitungen berichtet worden. In der 96-Chronik der damaligen Zeit ist dazu Folgendes zu finden:

„Wir spielen am 13.4.1952 zum ersten Mal in der DDR und freuen uns, zum immer stärker werdenden Ost-West-Spielverkehr beitragen zu können. Von der uns gebotenen Gastfreundschaft sind wir hellauf begeistert gewesen", stellte Präsident Taubert nach der Rückkehr in Hannover fest.

Motor Dessau startete das Spiel furios und bis zur 25. Minute musste Dessaus Keeper Klank nicht einmal eingreifen, sein Gegenüber Hans Krämer hatte bis dahin schon zahlreiche Torschüsse abgewehrt. Nach der Halbzeit nutzte Heiner Mokroß einen der wenigen 96-Angriffe, umspielte seinen Gegenspieler und erzielte in der 77. Minute das einzige Tor des Tages. Die überragende Form von Torwart Hans Krämer sicherte 96 den Erfolg berichtete die Zeitung in Dessau nach dem Spiel.

Einen Tag später fand ein weiteres Spiel im deutsch-deutschen Sportverkehr im Georg-Schwarz-Sportpark in Leipzig-Leutzsch gegen Chemie Leipzig statt. Hannover verlor 0:2.

Hannover 96: Krämer, Geruschke, Naab, Hundertmark, Bothe, Bloch, Wewetzer, Tkotz, Loth, Franz (67. Mokroß), Pöhler
Schiedsrichter: Urban (Weimar)
Zuschauer: 10.000 im Schillerpark Dessau
Tor: 0:1 Mokroß (77.)

Oberliga Nord

96-Sturm fegt über Braunschweig hinweg

6. September 1953: Eintracht Braunschweig – Hannover 96 1:5 (0:2)

Als Hannes Tkotz im September 1953 bereits nach drei Minuten den Ball über Braunschweigs Keeper Senftleben hinweghob und danach den Ball mühelos ins leere Tor zur 1:0-Führung einschob, hofften viele der mitgereisten Hannoveraner auf einen Auswärtssieg. Als das Spiel abgepfiffen wurde, kamen die Zuschauer noch immer nicht aus dem Staunen heraus. Was die 96-Elf auf den Rasen gezaubert hatte, hatte keiner der 30.000 Zuschauer vor dem Spiel auch nur erahnen können.

Der Ball lief in den Reihen der 96-Spieler, als wenn kein Gegenspieler auf dem Platz gestanden hätte, das Kombinationsspiel war schnörkellos und die Braunschweiger schauten den Angriffen der 96er fast schon atemlos zu – so stark präsentierte sich das Team von 96-Trainer Helmut Kronsbein. 96 war in allen Mannschaftsteilen überlegen.

Mann des Spiels war Angriffsführer Hannes Tkotz, der in diesem Niedersachsenderby allein vier Treffer erzielte. Er wusste hinter sich eine eisenharte und kompromisslose Abwehrreihe, sodass er sich voll auf den Angriff konzentrieren konnte. Als Eintracht in der 2. Hälfte durch einen Elfmeter zum Anschlusstor kam, geriet Hannover 96 kurz in Gefahr. Aber als Eintracht auf verstärkte Angriffsbemühungen setzte, konterte 96 eiskalt.

Nach dem für Braunschweig erlösenden Schlusspfiff fragten sich die Eintrâchtler: „Wie hätten wir diesen Tkotz nur stoppen können?" Tkotz – ein früher 96-Derbyheld.

Hannover 96: Krämer, Geruschke, Kirk, Müller, Bothe, Hundertmark, Wewetzer, Paetz, Tkotz, Zielinski, Pichotta
Schiedsrichter: Zimmermann (Göttingen)
Zuschauer: 30.000 im Eintracht Stadion Braunschweig
Tore: 0:1, 0:2 Tkotz (3., 34.), 1:2 Herz (Elfmeter 58.), 1:3 Tkotz (77.), 1:4 Tkotz (85.), 1:5 Wewetzer (89.)

Deutsche Meisterschaft 1954

Überraschendster Deutscher Fußball-Meister aller Zeiten

23. Mai 1954: Hannover 96 – 1. FC Kaiserslautern 5:1 (1:1)

Nach dem Gewinn der norddeutschen Meisterschaft 1954 startete Hannover 96 in der Vorrunde um die Deutsche Meisterschaft im Berliner Olympiastadion gegen den Berliner SV 92 und gewann mit 2:1. Zwei Wochen später stand im Düsseldorfer Rheinstadion das Halbfinale gegen den VfB Stuttgart an. Der 96-Troß reiste mit einem Bus an und war bereits vor dem Spiel sauer über die Organisatoren, denn man bekam von offizieller Seite nur ein Quartier in Haltern (gut 100 km vom Stadion entfernt) zugewiesen. 96 suchte sich dann selbst ein ruhiges Ausweichquartier. Nach dem Abschlusstraining stellte man fest, dass Willi Hundertmark nicht einsatzfähig war. Aber das 96-Team siegte vor über 40.000 Zuschauern sicher mit 3:1 (2:0). Die Tore zum Finale erzielten Rolf Paetz in der 32. und 43. Minute und Klemens Zielinski in der 46. Minute – der VfB kam nur noch zum Ehrentreffer und so zog Hannover 96 zum zweiten Mal in der Vereinsgeschichte in ein Finale um die Deutsche Meisterschaft ein.

„Wir Spielerfrauen erhielten nach dem Halbfinal-Sieg über den Südmeister Stuttgart zum ersten Mal die Erlaubnis, mit unseren Männern im Mannschaftsbus nach Hannover zurückzufahren", erinnerte sich Spielerfrau Leni Tkotz später. „Im Bus hörten wir im Radio, dass im Endspiel der übermächtige 1. FC Kaiserslautern der Gegner sein würde. Bei einer letzten Rast in Bad Eilsen schwor uns Trainer Fiffi Kronsbein auf die Woche bis zum Finale in Hamburg ein. Auch wir Spielerfrauen bekamen genaue Instruktionen."

Die 96-Mannschaft reiste am Freitag per Bahn und Bus in das beschauliche Bendestorf in der Nordheide. Man wollte sich abschotten. „Ich lag mit Kapitän Werner Müller auf einem Zimmer und wir haben versucht, nicht an das Endspiel zu denken. Mein Zimmerkollege sollte Fritz Walter, den damals besten deutschen Spieler, ausschalten. Trainer Kronsbein hatte uns viel Schlaf verordnet. Dann kam die letzte Besprechung vor der Abfahrt zum Finale mit Kaffee. Wir erhielten unsere Anweisungen. Dann fuhren wir per Bus nach Hamburg. Die Stadt war voller Menschen und so erhielten wir ab den Elbbrücken – den Elbtunnel gab es damals noch nicht – eine Polizeieskorte, die uns zum Volksparkstadion geleitete. 60 Minuten vor dem Anpfiff gingen wir zum Aufwärmen auf den Platz. Ich war so nervös, dass ich gefühlte sieben

Mal auf die Toilette musste. Vor dem Anpfiff kam DFB-Bundestrainer Sepp Herberger in unsere Kabine und begrüßte jeden Spieler kurz. Dann ging es raus in das prall gefüllte Stadion zum Spiel. Die Stimmung war hervorragend. Fritz Walter gewann die Seitenwahl. Wir griffen den Gegner sofort nach dem Anstoß an und prüften FCK-Keeper Hölz schnell. Dann ein Schock für uns. Schäffler traf aus spitzem Winkel in unser Tor – dabei wollten wir einen schnellen Gegentreffer um jeden Preis vermeiden. Aber wir hatten Glück: Schiedsrichter Schmetzer erkannte das Tor nicht an. Aber nach 13 Minuten passierte es doch: Schäffler flankte in unseren Strafraum. Der Ball wurde abgewehrt, aber aus dem Hinterhalt zog Eckel ab und der Ball schlug unhaltbar für Keeper Hans Krämer zum 0:1 ein", erinnerte sich Hannes Tkotz später an das Finale.

„Die Pfälzer drängten danach auf eine schnelle Entscheidung – und waren fast erfolgreich. Erst in letzter Sekunde konnte Hans Krämer einen Schuss von Ottmar Walter ablenken und Schlimmeres verhindern. Doch wir ließen uns nicht beirren und es ergaben sich Chancen zum Ausgleich. Nach 26 Minuten vergab ich eine hundertprozentige Torchance. Frei vor dem Tor habe ich es nicht geschafft, den Ausgleich zu erzielen. Ich war mir sicher, dass der Ball rein gehen würde. Doch Nationalspieler Kohlmeyer rauschte von links heran und klärte den Ball kurz vor der Torlinie zur Ecke", beschrieb Hannes Tkotz.

Das Spiel gewann an Spannung und wogte hin und her. Kurz vor Ende der ersten Halbzeit dann großer Jubel auf Seiten von Hannover 96: Stürmer Hannes Tkotz zog aus 16 Metern ab und traf zum verdienten 1:1-Ausgleich. „Fritz Walter hatte den Ball an Werner Müller verloren. Er spielte mich an und ich hielt aus 18 Metern drauf. Keeper Hölz war noch mit den Fingerspitzen dran, aber das Ding war drin. Dieses Gefühl werde ich nie vergessen", beschrieb er den Knackpunkt des Spiels kurz vor der Halbzeit.

„In unserer Kabine herrschte Ruhe. Trainer Kronsbein motivierte uns: Macht weiter so, ihr habt sie im Sack. Noch ein Gegentor und sie brechen ein. Wir Spieler glaubten an unsere Chance und spürten keine Erschöpfung. Wir bemerkten aber die nervliche Anspannung des Gegners", sagte Tkotz später lächelnd. In der 47. Minute kommt ein eher harmloser Ball von Rolf Paetz in den Lauterer Strafraum und wird von Kohlmeyer unglücklich ins eigene Tor gelenkt. 2:1 für Hannover 96. Langsam spielte sich das 96-Team in einen Rausch. In der 77. Spielminute jubeln die 96-Anhänger, als Heinz Wewetzer nach einem Dribbling über die rechte Seite auf 3:1 erhöht. Als Heinz Wewetzer drei Minuten später die Latte traf und Helmut Kruhl den Abpraller zum 4:1 verwandelte, waren sich auch die 96-Spieler der Meisterschaft sicher. „Wir hatten nachgelegt und man merkte den FCK-Spielern deutlich an, dass sie nicht mehr an sich glaubten", so Hannes Tkotz. Auch ein letztes Aufbäumen der Kaiserslauterer kann nichts mehr am Ergebnis ändern. Vier Minuten vor Schluss haben die Pfälzer das Finale endgültig aufgegeben. Rolf Paetz sorgt per Kopf für den 5:1-Endstand. Das „Wunder" ist perfekt.

„Dieser Titelgewinn hat mein Leben und das meiner Mitspieler sicher verändert. 96 war keine graue Maus mehr. Wir haben aus heiterem Himmel die Sensation geschafft. Reich wurden wir durch den überraschenden Erfolg aber nicht. Es gab eine Siegprämie von 1.000 Mark und einige Geschenke von Sponsoren. Jeder von uns erhielt unter anderem eine Reise nach Borkum und nach Waging", berichtete Hannes Tkotz später.

„Vor dem DFB-Bankett beider Teams trafen wir unsere Frauen noch kurz bei einem Kaffee, bevor diese dann gemeinsam mit dem Zug nach Hause fuhren", beschrieb Tkotz die Minuten nach dem größten Erfolg seiner Laufbahn.

Am nächsten Tag wurde der Mannschaft ein überwältigender Empfang in Hannover bereitet. „Kopf an Kopf standen die Menschen auf beiden Seiten des Bahnhofs, unübersehbare Menschenmassen säumten bei unserer Fahrt mit den Pferdekutschen vom Bahnhof durch die Innenstadt zur Maschseegaststätte, wo wir von den Stadtoberhäuptern offiziell empfangen wurden, die Straßen und bejubelten uns und freuten sich mit Hannover 96", erzählt Hannes Tkotz über das Spalier der Hundertausende, das mehrere Stunden den Verkehr in der Landeshauptstadt am Montag, den 24. Mai 1954, komplett lahmlegte.

Hannover 96: Krämer, Geruschke, Kirk, Müller, Bothe, Gehrcke, Wewetzer, Paetz, Tkotz, Zielinski, Kruhl
Schiedsrichter: Schmetzer (Mannheim)
Zuschauer: 76.000 im Hamburger Volksparkstadion
Tore: 0:1 Eckel (13.), 1:1 Tkotz (44.), 2:1 Kohlmeyer (48./Eigentor), 3:1 Wewetzer (77.), 4:1 Kruhl (80.), 5:1 Paetz (84.)

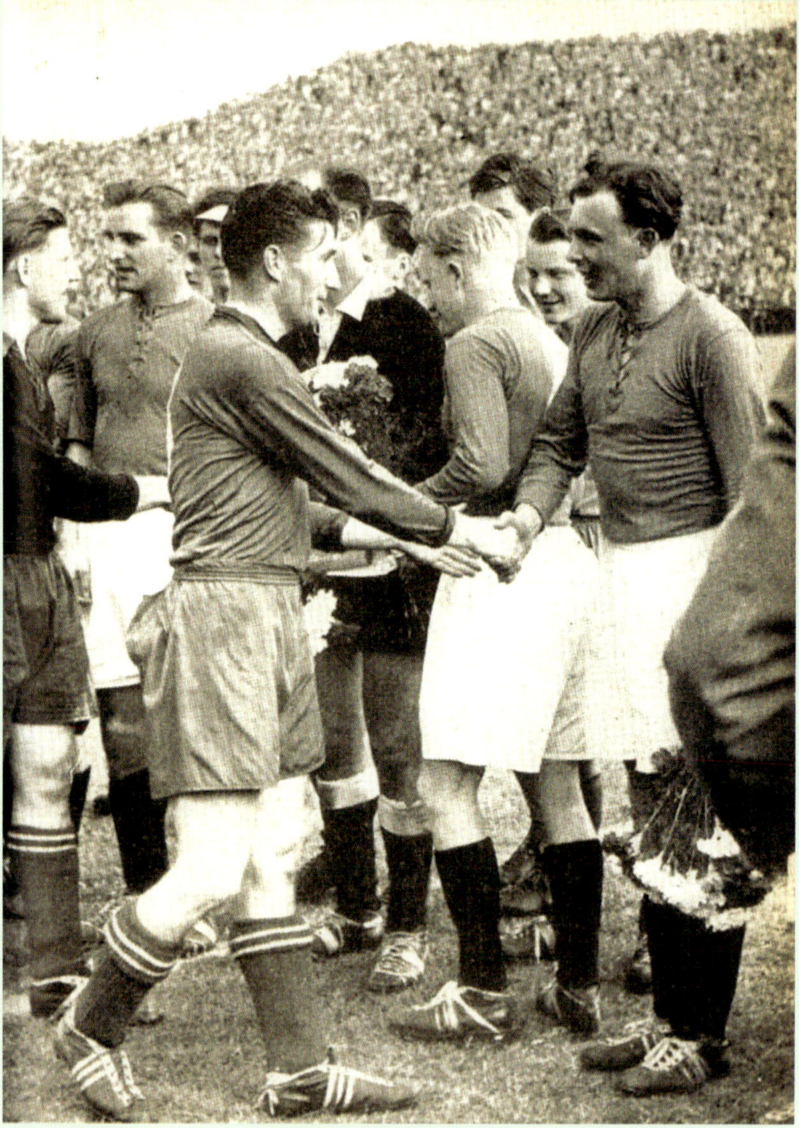

Der spätere Fußball-Weltmeister von 1954, Fritz Walter, gratuliert Hannes Tkotz, dem Torschützen zum 1:1, zum deutschen Meistertitel. (96-Archiv)

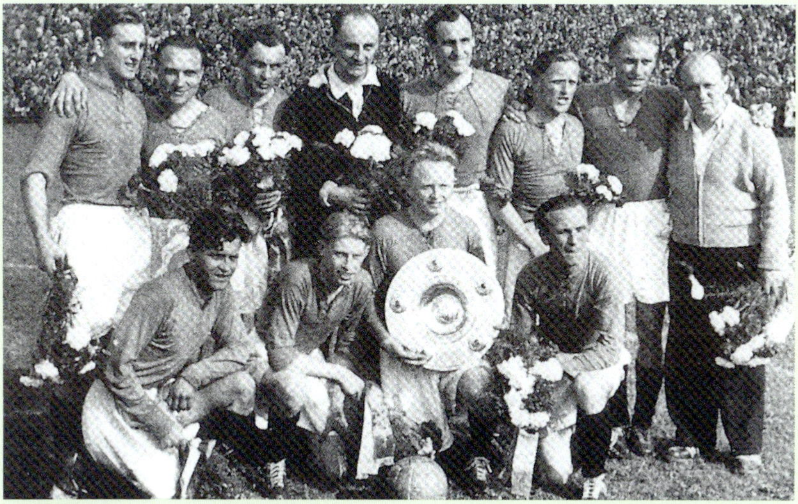

Stolz präsentiert die Mannschaft die Meisterschale. Stehend: Geruschke, Kruhl, Tkotz, Krämer, Bothe, Wewetzer, Paetz und Trainer Kronsbein; kniend: Kirk, Gehrcke, Müller und Zielinski (96-Archiv)

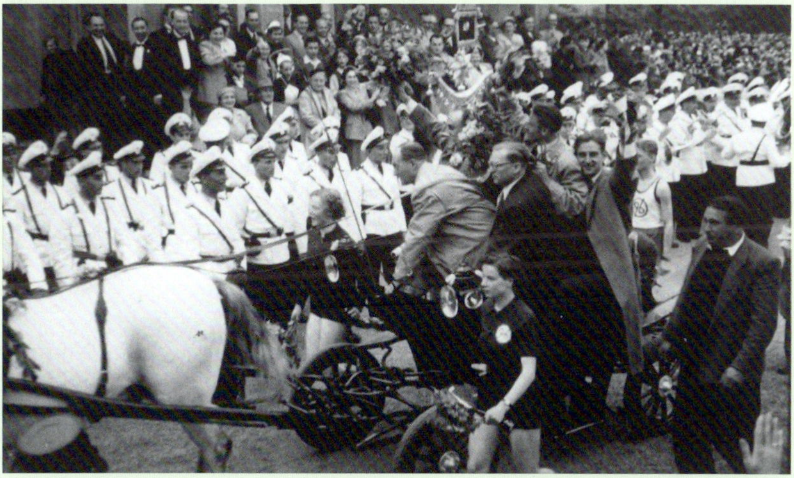

Der Meistermannschaft wird in der Stadt Hannover ein umjubelter Empfang bereitet. Hunderttausende Menschen warteten stundenlang in den Straßen von Hannover, um einen Blick auf die Deutschen Fußballmeister 1954 werfen zu können. (96-Archiv)

Freundschaftsspiel

Erste Europareise nach dem 2. Weltkrieg

5. September 1954: Espanyol Barcelona – Hannover 96 4:2 (1:0)

Hannover 96 reiste nach der Deutschen Meisterschaft zum ersten internationalen Freundschaftsspiel nach dem 2. Weltkrieg ins Ausland, wenn man von den Spielen in der DDR einmal absieht. Das Spiel bei Espanyol Barcelona endete für das Team von 96-Trainer Helmut Kronsbein mit einer 2:4-Niederlage, doch die Amateure aus Hannover überzeugten gegen die Profis insbesondere das temperamentvolle Publikum in Barcelona.

Der Spielverlauf überraschte nicht nur die 96-Spieler, sondern auch die Vollprofis aus Barcelona. In der ersten Halbzeit bot die 96-Defensive gegen die schnellen spanischen Stürmer einen großartigen Kampf und fast alle Torschüsse hielt 96-Torhüter Hans Krämer in überragender Manier, sodass Espanyol zur Pause nur 1:0 in Führung lag.

In der 2. Halbzeit zeigten sich die 96er auch in der Offensive besser und boten den Zuschauer nun zielstrebiges Spiel, Tricks und Torschüsse. In der 47. Minute stürmte Hannes Tkotz auf das Tor der Spanier, schoss den Ball in den Strafraum und bevor Rolf Paetz den Ball einschießen konnte, stoppt Faura den Ball mit der Hand. Heinz Wewetzer verwandelte den Elfmeter. In der 55. Minute ging 96 in Führung. Torschütze war erneut Heinz Wewetzer. Kurz darauf erzielte der Südamerikaner Prieto den Ausgleich für Barcelona. Nur zwei Minuten später war er am Führungstor beteiligt. Sein Schuss aufs 96-Tor sprang vom Pfosten zurück und wurde von Mauri verwandelt. Kurz darauf hatten Rolf Paetz und Hannes Tkotz jeweils die Chance zum Ausgleich, aber sie scheiterten am Nationalkeeper Domingo im Espanyol-Tor. Kurz vor Ende der Partie erzielte Prieto den 4:2-Siegtreffer für die Gastgeber.

Verblüfft zeigte sich 96-Torwart Krämer, dass die beiden Pfostentreffer der Spanier in sein Tor sprangen. „In Spanien gibt es anders als bei uns in Deutschland runde Torpfosten“, stellte er nach dem Spiel fest.

Hannover 96: Krämer, Geruschke, Elzner, Gehrcke, Bothe, Hundertmark, Wewetzer, Paetz, Tkotz, Zielinski, Ogorek (Wieczorek)
Schiedsrichter: unbekannt
Zuschauer: 30.000 im Espanyol Stadion Barcelona
Tore: 1:0 Marcet (26.), 1:1 Wewetzer (48./Handelfmeter), 1:2 Wewetzer (55.), 2:2 Prieto (56.), 3:2 Mauri (75.), 4:2 Prieto (87.)

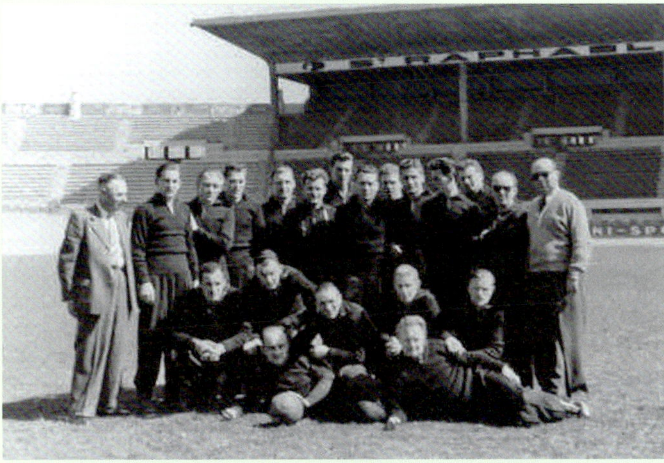

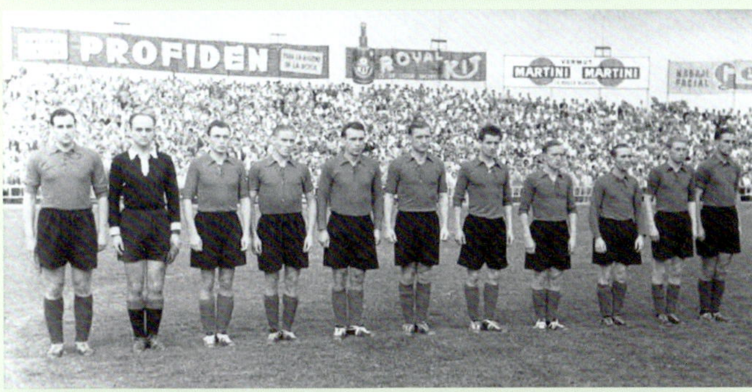

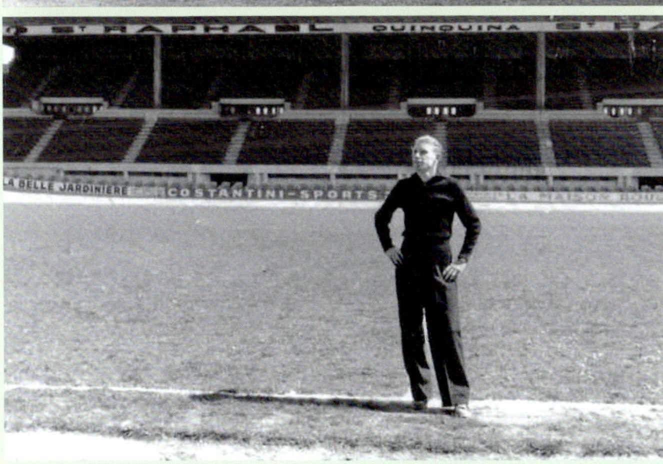

Die Mannschaft von Hannover 96 im Stadion von Espanyol Barcelona vor dem ersten Freundschaftsspiel in Spanien: in Trainingskleidung, vor Anpfiff und ein beeindruckter Rolf Gehrcke. (alle Fotos: privat/Gehrcke)

Freundschaftsspiel

Das erste Tor im Niedersachsenstadion

26. September 1954: Hannover 96 – Arminia Hannover 1:0

Als die Landeshauptstadt Hannover im Mai 1950 mit den Planungen für eine große Sportstätte in zentraler Lage startete, gab es Probleme: Gut sieben Millionen Tonnen Trümmerschutt behinderten im Stadtzentrum den Wiederaufbau der Stadt. Auf diesem Trümmerschutt sollte das neue große Stadion aufgebaut werden, wodurch die Kosten für den Abtransport aus der schwer zerstörten Innenstadt Hannovers gesenkt werden konnten. Der Bau kostete vier Millionen DM und das Notwendige wurde mit dem Praktischen verbunden: Auf der Freifläche neben dem Maschsee wurde ein riesiger Berg aus Trümmerschutt aufgetürmt. Millionen Loren wurden ab Februar 1951 mit Schutt aus der Stadt angekarrt und so zum Fundament der noch heute hoch aufragenden Westtribüne. Der Bau dauerte bis zum Spätsommer 1954. Die neue Sportstätte wurde auf den Namen Niedersachsenstadion getauft.

Am 26.9.1954 wurde das Stadion im strömenden Regen feierlich vor 35.000 Besuchern eingeweiht. Um den Charakter eines multifunktionalen Stadions zu unterstreichen, erfolgte die Eröffnung als ein großes Sportfest, bei dem auch ein Fußball-Kurzspiel zwischen Hannover 96 und Arminia Hannover stattfand. Ganz besonders ist den Zuschauern das einzige Tor durch Hannes Tkotz zum 1:0-Sieg von Hannover 96 in Erinnerung geblieben.

Danach wurde das Niedersachsenstadion zu einem der beliebtesten Spielorte für die deutsche Fußball-Nationalmannschaft. Bereits im Oktober 1954 fand ein Länderspiel gegen Frankreich vor fast 90.000 Zuschauern statt. Auch DFB-Meisterschaftsendspiele (das erste im Juni 1955 zwischen RW Essen und dem 1. FC Kaiserslautern) und DFB-Pokalfinale wurden mehrfach im Niedersachsenstadion ausgetragen. Hannover lag zentral und verkehrstechnisch sehr gut angebunden im Herzen Deutschlands.

Neben der WM 1974 und 2006 fanden auch Spiele der Fußball-EM 1988 und der FIFA Confederations Cup 2005 in Hannover statt. 96 trug ab der Saison 1956/57 seine Pflichtspiele im Niedersachsenstadion aus.

Aufstellung: unbekannt
Schiedsrichter: unbekannt
Zuschauer: 35.000 im Niedersachsenstadion in Hannover
Tor: 1:0 Tkotz

Ein Weihnachts-Kick

26. Dezember 1954: Hannover 96 – FC. St. Pauli 1:1 (1:0)

Im Winter wurde im deutschen Fußball bis Mitte der 1980er Jahre bis auf eine kurze Unterbrechung rund um Weihnachten ständig gespielt. Dabei kam es auch zu Spielen am 2. Weihnachtsfeiertag. Eines der ersten Punktspiele an einem 2. Weihnachtsfeiertag fand am 26.12.1954 in Hannover statt. Und der amtierende Deutsche Meister Hannover 96 sah dabei bis zur 69. Minute wie der sichere Sieger aus.

Auf dem durchnässten Boden des Eilenriedestadions behinderten peitschender Wind und starker Regen die Spieler. Bereits nach sechs Minuten hatte Hannover 96 die erste große Tormöglichkeit. Famula foulte Rolf Paetz im Strafraum und den fälligen Elfmeter schoss Hannes Tkotz. Aber Keeper Wunstorf brauchte nicht einzugreifen – der Schuss ging neben das Tor. Der Schiedsrichter ließ den Elfmeter aber wiederholen und nun übernahm Heinz Wewetzer die Verantwortung. Doch der Gäste-Keeper konnte den Schuss aus dem rechten Toreck holen.

Besser machte es Hannes Tkotz, als er in der 33. Minute zum Führungstreffer einschoss. Nach der Pause hatte Kurt Ogorek Pech, als sein Schuss nur den Pfosten traf – dann kam die 70. Minute und 96-Keeper Hans Krämer ließ einen Schuss nach vorn abprallen, den Wehrmann zum Ausgleich ins 96-Tor drückte. Danach übernahm St. Pauli die Initiative – aber die umsichtige 96-Abwehr ließ kein weiteres Weihnachtsgeschenk für die Gäste aus Hamburg zu.

Spiele am 2. Weihnachtsfeiertag gibt es noch einige in der Historie von 96. Das letzte Pflichtspiel, das Hannover 96 zwischen Weihnachten und dem Jahreswechsel austragen musste, war am 26.12.1976 der 5:2-Sieg über Union Solingen in der 2. Bundesliga Nord.

Hannover 96: Krämer, Geruschke, Kirk, Müller, Bothe, Hundertmark, Wewetzer, Paetz, Tkotz, Gehrcke, Ogorek
Schiedsrichter: Walther (Bremen)
Zuschauer: 7.000 im Eilenriedestadion Hannover
Tore: 1:0 Tkotz (33.), 1:1 Wehrmann (70.)
Besondere Ereignisse: 96 verschießt 2 Elfmeter

Freundschaftsspiel

Großer Auftritt in Dresden

6. August 1955: BSG Einheit Dresden – Hannover 96 1:2 (1:1)

Lange hielt sich der gesamtdeutsche Jubel über den WM-Titel 1954 des DFB-Teams jenseits aller politischen Grenzen. Aber dann schwenkte die SED in der DDR um. Die ostdeutschen Fußballer sollten bei Spielen gegen ihre westdeutschen Kollegen nun die „Zwei-Staaten-Theorie" vertreten.

Hannover 96 trat im August 1955 in Dresden vor mehr als 50.000 Zuschauern gegen die BSG Einheit Dresden an. „Für uns war das eigentlich ein normales Freundschaftsspiel. Wir reisten mit einem Reisebus nach Dresden. Kurz vor der Stadt mussten wir unseren Bus stehen lassen und in einen Bus der Gastgeber umsteigen", erinnert sich 96-Akteur Rolf Gehrcke. „Wir bekamen einige ständige Begleiter zugeteilt, die uns den Kontakt zur Dresdner Bevölkerung erschwerten. Das Programm für uns war streng durchgeplant. Wir waren sehr erstaunt, dass auch elf Jahre nach dem 2. Weltkrieg in der Stadt nur wenig wiederaufgebaut war. Die Zuschauer waren unvoreingenommen und man spürte ihr Verlangen, mit uns aus dem Westen in Kontakt zu kommen."

In der Partie ging 96 durch einen vom Dresdner Läufer Nicklisch abgefälschten Ball in Führung. Als 96-Verteidiger Geruschke mit einem Dresdner Stürmer zusammenstieß, entschied der einheimische Schiedsrichter auf Elfmeter, der zum 1:1-Halbzeitstand verwandelte wurde. Mitte der zweiten Hälfte sorgte Heinz Wewetzer für den 2:1-Siegtreffer.

Ein besonderer Zwischenfall auf der Rückreise blieb den Spielern im Gedächtnis. „Die Rückfahrt war anstrengend. Neun Stunden Busfahrt gleich nach dem Spiel zurück nach Hannover. Kurz vor der Grenze kamen wir in einen Stau. Wir wollten uns kurz die Beine vertreten und verließen den Bus. Da tauchten wie aus dem Nichts Grenzsoldaten in Tarnuniform mit Gewehren im Anschlag vor uns auf und machten uns sehr deutlich, dass wir sofort wieder in den Bus zurückkehren sollten", so Rolf Gehrcke.

Hannover 96: Wickel, Geruschke, Elzner, Bruchmüller, Gehrcke, Hundertmark, Wewetzer, Paetz, Schott, Zielinski, Kellermann. Eingewechselt wurden Wieczorek und Fiebach
Schiedsrichter: Schulz (Ost-Berlin)
Zuschauer: 50.000 im Heinz-Steyer-Stadion Dresden
Tore: 0:1 Nicklisch (ET.), 1:1 Losert (Elfmeter), 1:2 Wewetzer

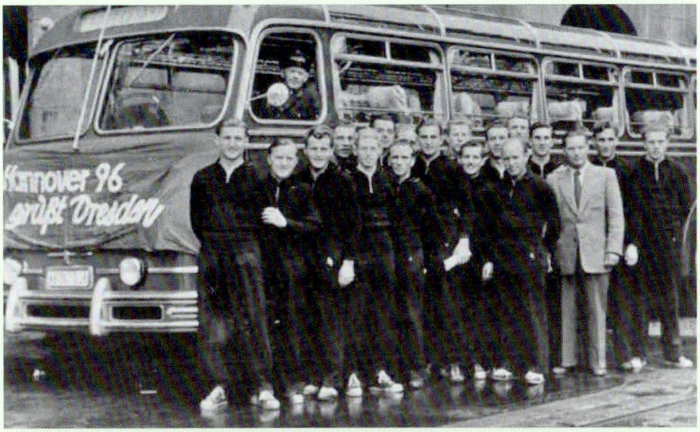

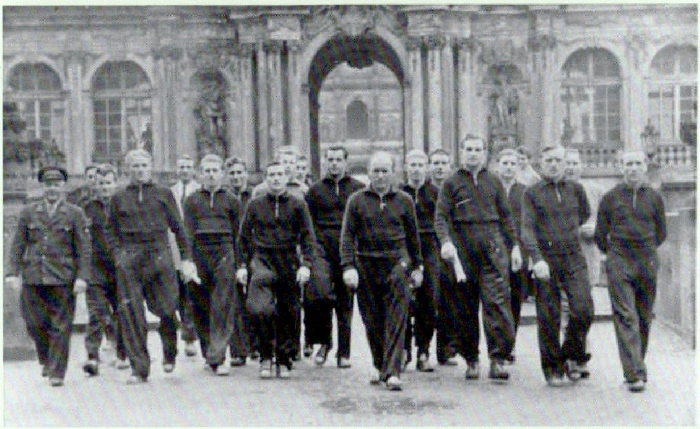

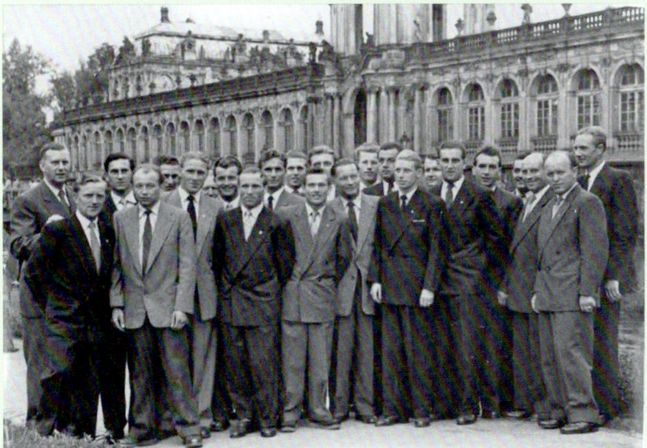

Oben: Die Reise nach Dresden erfolgte per Bus mit einer Grußbotschaft.
Mitte: Im Traininsanzug vor dem Dresdner Zwinger.
Unten: Das offizielle Foto des Besuchs bei der BSG Einheit Dresden. (alle Fotos: privat/Elzner)

Freundschaftsspiel

Über 2 Tage dauert die Anreise

23. Juni 1957: Mexiko – Hannover 96 3:0 (2:0)

Als die 96-Mannschaft am 12.5.1957 nach dem 1:1 gegen Concordia Hamburg die Oberliga Saison 1956/57 als Tabellendritter beendete, hockten die Spieler mit hängenden Köpfen in der Umkleidekabine, denn das Team von Trainer Kronsbein hatte die letzte Chance auf den Einzug in die DFB-Meisterschafts-endrunde verpasst. Doch die 96er brauchte kein Trübsal zu blasen. Die Spieler wurden mit einer sensationellen Nachricht überrascht. Man werde zu einer Gastspielreise nach Mexiko aufbrechen!

96 erhielt über einen Vermittler das Angebot des mexikanischen Fußballverbandes einer kostenlosen Gastspielreise. Das Spiel gegen Hannover 96 sollte der Nationalmannschaft sowie zahlreichen Perspektiv-Spielern in den großen Vereinen Mexikos als Vorbereitung auf die Fußball-WM 1958 in Schweden dienen.

Die Spieler hielten diese Nachricht zunächst für einen Scherz; aber am 29.5.1957 startet die 96-Expedition zum Flug von Hannover über Bremen, Amsterdam, Prestwick, New York (mit eintägigem Aufenthalt). Washington, Forth Worth nach Mexiko City, ins zur damaligen Zeit fast unerreichbare Mittelamerika, das man nach 56-stündiger Anreise erreichte.

Keiner von ihnen hätte sich je träumen lassen, einmal persönlich auf den Spuren der Azteken wandeln zu können und dort Fußball zu spielen. Der Tross der 96er traf auf der Reise auf den neuen Trainer Kuno Klötzer, der als Nachfolger von Fiffi Kronsbein verpflichtet worden war.

„Kaum jemand hatte in den 50er Jahren die Möglichkeit, solch eine weite Reise zu machen. Und es war daher auch nur normal, dass wir uns über den Weiten des Atlantiks darüber unterhielten, was passieren würde, wenn die Motoren des Flugzeugs ausfallen würden“, beschrieb Hannes Tkotz seine Eindrücke dieser Reise.

„Das war schon überwältigend. Die lange Flugreise, in der wir beim Zwischenstopp in New York auch noch einen Ausflug auf das Empire State Building mit dem imposanten Blick über New York erlebten, machte großen Eindruck auf uns“, berichtete Heinz Elzner über den Zwischenstopp. Die nächste Überraschung erlebten die 96er dann auf dem Flugplatz in Mexiko-City. Während in der Ferne noch die Blitze eines Gewitters zuckten, durch das die Mannschaft geflogen war, stürzten sich 15 Fotografen mit südländischer

Begeisterung auf die „Equipo Aleman" aus Hannover, als diese müde aus dem Flugzeug stieg.

Nachdem die Mannschaft nach knapp 56 Stunden Anreise im Hotel „Le Escargot and Garden Bungalows" in Mexiko-City ihr Quartier bezogen hatte, fand bereits 36 Stunden später das erste Spiel in der Mittagshitze statt. Gegner war CF Atlante, der amtierende mexikanische Meister. 35.000 Zuschauer verfolgten das Spiel bei drückend schwülem Wetter im Estadio Olympico de la Ciudad Universitaria México. „Wir mussten circa 100 Stufen aus den Kabinen runter auf den Platz steigen, denn der Rasen lag tief unten in einer Betonschüssel, die die Gluthitze noch verstärkte", erinnerte sich 96-Ersatz-Keeper Karl Köstler später. „Und zu der Zeit sagte die geltende Trainingslehre noch, dass Spieler während des Spiels und beim Training nur wenig Flüssigkeit trinken sollten. Und daran haben wir uns gehalten", beschrieb der Torwart die Probleme der Spieler. Das Spiel endete überraschend 1:1 (0:1).

Das zweite Spiel fand gegen eine Auswahl des mexikanischen Bundesstaates Leon statt. 96 verlor mit 1:2 (1:1). Die Mannschaft wurde danach vom deutschen Botschafter empfangen und es gab Besichtigungstouren um Land und Leute kennenzulernen.

Dann fand ein Flutlichtspiel um 22 Uhr gegen Toluca CF statt, das 96 mit 1:3 (0:1) verlor. Das vierte Spiel in Mexiko City verlor 96 gegen CD Guadalajara mit 0:5 (0:2) vor mehr als 35.000 Zuschauern. „Der beeindruckendste Moment des Spiels war, als die Zuschauer gegen eine Elfmeterentscheidung des einheimischen Schiedsrichters für die Heimmannschaft lautstark protestierten. Die Spieler von CD Guadalajara weigerten sich den Strafstoß auszuführen, der Referee ließ sich nicht umstimmen. Da schoss ein Mexikaner den Ball absichtlich weit am Tor vorbei und erhielt dafür großen Beifall von den Rängen", erinnerten sich die 96-Spieler gern an die faire Geste.

Danach wurde der Aufenthalt durch einen Abstecher nach Acapulco abgerundet, bevor am Sonntag, dem 23.6.1957, das Highlight der Gastspielreise folgte.

Das Team von Neutrainer Kuno Klötzer verlor gegen die Nationalelf Mexikos mit 0:3. Der 96-Angriff scheiterte sehr oft an der Torwartlegende „La Tota" Carbajal, der insgesamt an fünf Weltmeisterschaften teilnahm, seine tollen Paraden ließen die 96-Offensivspieler verzweifeln. Diese Vorbereitung gegen 96 half den Mexikanern aber nicht – bei der WM 1958 schied Mexiko nach Niederlagen gegen Gastgeber Schweden 0:3, Vize-Weltmeister Ungarn 0:4 und einem 1:1 gegen Wales als Tabellenletzter aus.

Hannover 96: Köstler, Elzner, Bothe, Korff, Müller (75. Gressens), Hundertmark, Wewetzer (77. Tkotz), Baumgartner, Gressens (45. Schott), Zielinski, Kellermann
Schiedsrichter: Rafael Valenzuela (México)
Zuschauer: 50.000 im Estadio Olympico de la Ciudad Universitaria México
Tore: 1:0 Gutiérrez (9.), 2:0 C. González (25.), 3:0 J. González (56.)

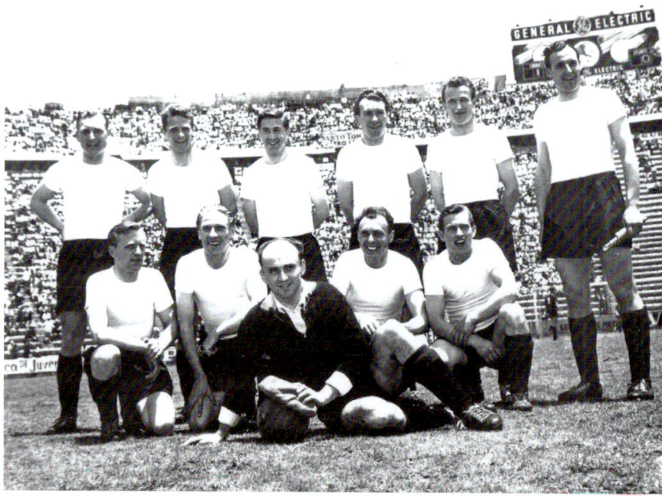

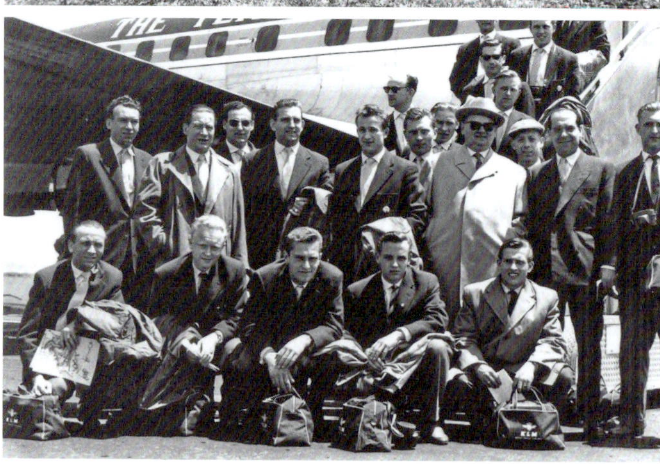

Oben: Vor einem Spiel auf der Mexico-Reise bei glühender Hitze in ungewohnten Trikots. (privat/Tkotz)
Unten: Die Mannschaft in feinem Zivil während einer Zwischenlandung auf der Reise nach Mexico. (privat/Elzner)

Oberliga Nord

Höchster Derbysieg in der Oberliga

17. November 1957: Hannover 96 – Eintracht Braunschweig 6:2 (3:1)

Eintracht Braunschweig kam im November 1957 als Tabellenzweiter nach Hannover, brachte 5.000 Anhänger mit und hoffte auf einen Auswärtssieg. Aber bereits in der ersten Halbzeit zeichnete sich ab, dass Hannover 96 nicht gewillt war, die Punkte kampflos abzugeben. 96 erspielte sich viele Torchancen. In der 13. Minute erzielte Rudolf Fassnacht die Führung. Doch der Torjubel auf den Rängen war noch nicht abgeebbt, da schoss Hellwig den Ausgleich für Braunschweig. Die 96-Spieler zeigten sich aber unbeeindruckt. Nach dem zweiten Tor, das Hans-Michael Baumgartner nach einer schönen Einzelleistung erzielte, dominierte 96 das Spiel. Georg „Schorse" Kellermann schaffte die 3:1-Pausenführung, die von Sepp Herberger und den auf der Tribüne sitzenden Nationalspielern bestaunt wurde.

Sofort nach dem Wiederanpfiff bäumte sich Eintracht plötzlich auf und kam zum 3:2-Anschlusstor. Danach drängte Braunschweig auf den Ausgleich und 96 musste zahlreiche Torchancen des Gastes überstehen. Bis zur 77. Minute hatte Eintracht das Eckenverhältnis auf 10:3 erhöht. 96 befreite sich danach. Nach einem Pass von Rudi Fassnacht war Hans-Michael Baumgartner gedankenschneller als seine Bewacher und schoss das Leder unhaltbar ins von Jäcker gehütete Eintracht-Tor zur 4:2-Führung ein. Wenige Minuten später erlief sich Georg „Schorse" Kellermann eine unglückliche Eintracht-Rückgabe, umspielte den Eintracht-Keeper und sorgte für die deutliche 5:2-Führung. Als er kurz vor dem Schlusspfiff mit einer Bogenlampe das 6:2 besorgte, war der Jubel der 96-Spieler und des Anhangs riesengroß – bedeutete dieses Ergebnis doch den höchsten Sieg in der Oberliga Nord über Eintracht Braunschweig und den ersten Sieg nach sechs erfolglosen Derbys in der Liga gegen den Nordrivalen.

Hannover 96: Krämer, Geruschke, Korff, Militz, Elzner, Wewetzer, Paetz, Fassnacht, Baumgartner, Kellermann
Schiedsrichter: Schwarzmann (Hilter)
Zuschauer: 15.000 im Eilenriedestadion Hannover
Tore: 1:0 Fassnacht (13.), 1:1 Hellwig (14.), 2:1 Baumgartner (28.), 3:1 Kellermann (37.), 3:2 Meyer (46.), 4:2 Baumgartner (77.), 5:2 Kellermann (83.), 6:2 Kellermann (89.)

Europäischer Messepokal

Erstes Europapokalspiel

9. November 1958: Hannover 96 – AS Rom 1:3 (0:1)

Hannover 96 trat 1958 erstmals im Europäischen Messepokal, der Vorläufer des UEFA-Pokals bzw. der Europa League war, an. Für die Spieler von 96, die in der Regel einem Halbtagsberuf nachgingen, war dieses Spiel gegen den AS Rom ein ganz besonderes Erlebnis, denn man traf erstmals in einem Pflichtspiel auf sehr bekannte Berufsspieler. Der AS Rom hatte Profis aus Brasilien, Uruguay, Schweden und England sowie Italien in seinen Reihen. Und 96-Mannschaftsführer Heinz Elzner stellte dieses Spiel vor erhebliche Probleme: „Vor der Partie waren unser Stammkeeper Hans Krämer und sein Ersatz Karl Köstler verletzungsbedingt nicht einsatzfähig. Unser Ex-Torwart Ewald Stiller hatte sich noch keinem anderen Verein angeschlossen und ich wurde von der Mannschaft aufgefordert, mit ihm Kontakt aufzunehmen. Nach langem Zureden konnte ich Ewald Stiller überreden, uns bei diesem Spiel zu helfen. Heute undenkbar – aber damals war das noch möglich", stellte er später glücklich fest. Und auf Aushilfstorwart Ewald Stiller wartete einer der besten Stürmer seiner Zeit – der Uruguayer Alcides Ghiggia. Er hatte 1950 im WM-Finale das entscheidende Tor zum 2:1 WM-Sieg Uruguays gegen Gastgeber Brasilien erzielt.

Sein Können stellte er auch gegen Hannover 96 unter Beweis. Er setzte seinen Kollegen Da Costa mit guten Vorlagen in Szene – zwei davon nutzte dieser nach dem Seitenwechsel zu Toren.

Wer zu Beginn der 2. Halbzeit das erste Tor für 96 schoss, ist bis heute nicht zweifelsfrei geklärt. Nach einem Eckball von Friedel Schicks stieg Stümer Georg „Schorse" Kellermann zum Kopfball hoch und der Ball landete zum 1:1-Ausgleich im Tor des AS Rom. Beide Spieler erklärten später, dass sie das Tor erzielt hätten. In den Zeitungsberichten wurde Georg Kellermann als Torschütze genannt – er ist damit der erste Europapokal-Torschütze von Hannover 96.

Hannover 96: Stiller, Geruschke, Fassnacht, Schicks, Elzner, Kühn, Wewetzer, Gawletta, Tkotz, Wenker, Kellermann
Schiedsrichter: Jörgensen (Dänemark)
Zuschauer: 20.000 im Niedersachsenstadion Hannover
Tore: 0:1 Tasso (25.), 1:1 Kellermann (69.), 1:2 Da Costa (74.), 1:3 Da Costa (78.)

Europäischer Messepokal

24-stündige Anreise per Bahn

7. Januar 1959: AS Rom – Hannover 96 1:1 (1:1)

Anders als heute üblich vergingen in den Startjahren der europäischen Wettbewerbe schon mal fast zwei Monate, bevor ein Rückspiel ausgetragen wurde. So kam es erst im Januar 1959 im Stadio Olympico in Rom zur zweiten Begegnung im europäischen Messepokal.

Am Abend nach dem Heim-Punktspiel gegen Eintracht Nordhorn, das 96 am 4. Januar 1959 mit 2:1 gewann, bestiegen die 96er in Hannover den Kopenhagen-Rom-Express und suchten die Schlafwagenabteile mit den dreistöckigen Betten auf. Man sah die verschneite Schweizer Bergwelt und erreichte um 21 Uhr den Bahnhof Termini in Rom. Für die folgenden Tage hatte der AS Rom ein interessantes Besichtigungsprogramm zusammengestellt.

Auf dem stark aufgeweichten Rasen sorgte im neuen Olympiastadion Hannover 96 mit einem frühen Führungstor in der 4. Minuten durch Gerhard Gollnow für eine positive Überraschung. Der AS Rom erholte sich aber schnell und glich in der 24. Minute durch Tasso zum 1:1 aus. Hannes Tkotz kam nach seiner Einwechselung in der 2. Halbzeit noch zu einer Großchance für 96 – aber Torwart Cudicini vereitelte diese in letzter Sekunde. Tkotz, Spieler der 96-Meisterelf von 1954, war damit der erste Spieler von Hannover 96, der in einem Pflichtspiel eingewechselt wurde – denn diese Regel gab es im nationalen Fußball erst ab 1965. 96-Torwart Hans Krämer hielt in der 72. Minute einen von Griffith getretenen Elfmeter und sicherte das Unentschieden.

Mit diesem 1:1 endete die erste Europacup-Teilnahme von 96. Den Spielern blieb das Flair der Stadt Rom noch jahrzehntelang in Erinnerung – auch wenn sie dafür bei ihren Arbeitgebern Urlaub beantragen mussten. Gleich nach ihrer Rückkehr mussten sie am 11. Januar 1959 schon wieder reisen – ein Spiel der Oberliga beim VfR Neumünster stand auf dem Plan.

Hannover 96: Krämer, Geruschke, Kühn, Wieczorek, Elzner, Wenker, Wewetzer, Schicks, Gollnow, Schott, Kellermann (46. Min. Tkotz)
Schiedsrichter: Clough (England)
Zuschauer: 8.000 im Olympiastadion Rom
Tore: 0:1 Gollnow (4.), 1:1 Tasso (23.)

Deutscher Amateurmeister 1960

29. Juni 1960: Hannover 96 – BV Osterfeld 3:0 (1:0)

1960 stand Hannover 96 im Endspiel um die Deutsche Amateurmeisterschaft in Herford. Gegner war der Westmeister BV Osterfeld. Die Zuschauer brauchten ihr Kommen nicht zu bereuen. Bei tropischer Hitze sahen sie ein dramatisches Spiel, das aber auch nach 120 Minuten keinen Sieger kannte, sodass es drei Tage ein Wiederholungsspiel geben musste.

Knapp 9.000 Zuschauer wollten im Wiederholungsspiel erleben, wer den „Carl-Riegel-Wanderpreis des DFB" gewinnt. Hannover 96-Trainer Hannes Kirk hatte seine Elf hervorragend eingestellt. In der 36. Minute die Führung für 96: Peter Flegel zirkelt einen Freistoß in den Strafraum, der wird von der BVO-Abwehr zu kurz abgewehrt und 96-Außenläufer Horst Patzke wuchtet den Ball zur 1:0-Halbzeitführung für 96 ins Tor. Nach dem Wiederanpfiff übernahm 96 endgültig das Kommando. Viktor Schmidtke startete in der 65. Minute ein tolles Dribbling, bei dem er auch den Gästetorwart umspielte, um dann den Ball ins leere Tor zu hämmern. Wenig später nahm Viktor Schmidtke eine Flanke von Rolf Hartmann an und zirkelte den Ball flach zum 3:0-Endstand in Netz.

Hannover 96 gewann die Deutsche Amateurmeisterschaft 3-mal (1960, 1964 und 1965) und stand 1966 sowie 1967 jeweils im Endspiel – allerdings kann sich heute kaum noch ein Fan an diese Titel erinnern – nur Amateurvereine oder 2. Teams von Profivereinen konnten sich für diese von 1951 bis 1998 ausgetragene Meisterschaft qualifizieren.

Spiel 1: Hannover 96: Isendahl, Flegel, Wimmers, Baldauf, Fahrtmann, Patzke, Hartmann, Künnecke, Schmidtke, Drieselmann, Glinka
Schiedsrichter: Kreitlein (Stuttgart)
Zuschauer: 22.000 in der Ludwig-Jahn Kampfbahn in Herford, 26.6.1960
Tore: 0:1 Hartmann (64.), 1:1 Mnietzkowski (78.)

Spiel 2: Hannover 96: Isendahl, Flegel, Wimmers, Baldauf, Fahrtmann, Patzke, Hartmann, Künnecke, Schmidtke, Drieselmann, Bohnsack
Schiedsrichter: Tschenscher (Mannheim)
Zuschauer: 8.900 in der Ludwig-Jahn Kampfbahn in Herford
Tore: 1:0 Patzke (36.), 2:0 Schmidtke (65.), 3:0 Schmidtke (69.)

Oberliga Nord

Rette sich wer kann – der Torpfosten bricht

7. Januar 1962: VfV Hildesheim – Hannover 96 3:1 (2:0)

7.000 Zuschauer wollten im Januar 1962 das Nachbarschaftsderby, das sich zu einer Schlammschlacht entwickelte, sehen. Das Hildesheimer Stadion war in mühseliger Arbeit spielfähig gemacht worden.

In der 41. Minute schoss der VfVer Winkelmann den Ball aufs 96-Tor und Udo Nix fälschte den Ball unhaltbar ins eigene Tor ab. Kurz darauf kam es zu jener kuriosen Szene, die der inzwischen verstorbene Schiedsrichter Walter Höfel im Spielbericht genau protokolliert hat.

„Genau nach 43 Spielminuten der 1. Halbzeit gab es nach einem Eckstoß für den VfV, der erneut zur Ecke abgewehrt wurde, einen Zusammenprall mehrerer Spieler unmittelbar vor oder auf der Torlinie des Tores von 96. Es fielen 2 oder 3 Spieler sehr heftig ins Tornetz, sodass der linke Torpfosten etwa 5 cm über der Erde abbrach. Da dieser Schaden nicht in ganz kurzer Zeit behoben werden konnte, rief ich die Spielführer zu mir und machte den Vorschlag, sofort in die Kabinen zu gehen und nach erfolgter Instandsetzung des Tores die fehlenden 2 Minuten der 1. Halbzeit zu spielen und danach die Seiten ohne nochmalige Pause zu wechseln. Beide erklärten sich damit einverstanden. Nach einer Gesamtpause von etwa 20 Minuten wurde das Spiel mit Eckstoß für Hildesheim fortgesetzt."

Den Gastgebern gelang die Tor-Reparatur. „Der Pfosten wurde mit einer Ersatzbefestigung und Nägeln repariert", berichtete 96-Keeper Helmut Isendahl später. Das Spiel wurde mit einer Ecke für Hildesheim fortgesetzt, die zum 2:0 für die Gastgeber führte. Torschütze war erneut der 96er Udo Nix – sein zweites Eigentor. 96-Stürmer Otto Hartz gelang per Fernschuss der Anschlusstreffer. Doch bereits 180 Sekunden später erzielte der Hildesheimer Träger den 3:1-Endstand.

Hannover 96: Isendahl, Kettler, Wieczorek, Fahrtmann, Steinwedel, Nix, Hartz, Heiser, Drieselmann, Schmidtke, Kellermann
Schiedsrichter: Höfel (Lengede)
Zuschauer: 7.000 im Friedrich-Ebert-Stadion Hildesheim
Tore: 1:0 Nix (42. Eigentor), 2:0 Nix (44. Eigentor), 2:1 Hartz (70.), 3:1 Träger (73.)

Oberliga Nord

Verletzter 96-Torwart trifft

4. März 1962: Hannover 96 – Eintracht Braunschweig 3:3 (2:2)

Nach diesem Niedersachsen-Derby in Hannover waren sich die 96-Spieler mit ihren Zuschauern einig, dass die Härte in diesem Spiel von dem in der Saison bereits zweimal vom Platz gestellten Braunschweiger Busse ausging. Erst foulte er 96's Läufer Manfred Fahrtmann grob und da nicht ausgewechselt werden konnte, degradierte er ihn so zum Statisten. In der 5. Minute erzielte 96-Linksaußen Viktor Schmidtke die frühe 96 Führung. In der 16. Minute schied Hannover 96-Torhüter Dieter Meyer nach einem Zusammenprall mit einer Verrenkung des Schultereckgelenks aus. Da man zu der Zeit noch keine Spieler wechseln durfte, übernahm Kapitän Heinz Steinwedel den Platz zwischen den Pfosten und Dieter Meyer wurde fieberhaft in der Kabine behandelt. Die Eintracht kam durch Gerwien in der 24. Minute gegen die dezimierte 96-Elf zum Ausgleich. Nur zwei Minuten später wurde 96 erneut überrascht und Moll erzielte die 2:1-Führung für die Eintracht. Manfred Fahrtmann kehrte auf den Platz zurück – dafür musste Udo Nix mit einer Knieverletzung vom Platz humpeln. Kurz vor dem Halbzeitpfiff sorgte Viktor Schmidtke mit einem knallharten Schuss für das 2:2-Unentschieden.

Nach der Pause konnte der an der Schulter verletzte Torwart Dieter Meyer nach Behandlung von Clubarzt Dr. Grosser als Rechtsaußen und der am Knie angeschlagene Udo Nix, mehr humpelnd als laufend, als Linksaußen wieder auf das Spielfeld zurückkehren. 96 kämpfte verbissen, doch als nach 66 Minuten ein abgefälschter Schuss dem als Torwart ungeübten Heinz Steinwedel keine Chance ließ, schien das Spiel für die 96er verloren. Aber 96 bot eine Energieleistung wie selten zuvor und acht Minuten vor dem Spielende glückte nach einem Sturmlauf von Viktor Schmidtke, dessen Flanke von Dieter Meyer, dem verletzten Torwart, der seinen linken Arm in einer Schlinge(!) trug, perfekt eingeköpft wurde, der verdiente Ausgleich.

Hannover 96: Meyer, Kettler, Wieczorek, Kowol, Fahrtmann, Nix, Heiser, Fischer, Hartz, Steinwedel, Schmidtke
Schiedsrichter: Lutz (Bremen)
Zuschauer: 6.500 im Eilenriedestadion Hannover
Tore: 1:0 Schmidtke (5.), 1:1 Gerwien (24.), 1:2 Moll (26.), 2:2 Schmidtke (45.), 2:3 Schrader (66.), 3:3 Meyer (82.)

Oberliga Nord

Heimspiel „auswärts" in Celle

3. März 1963: Hannover 96 – Bergedorf 85 4:0 (3:0)

Als 96 am 3.2.1963 im Heimspiel gegen den VfV Hildesheim mit 1:2 zurücklag, erkannte Schiedsrichter Höfel ein Tor für Hannover 96 durch Winfried Mittrowski nicht an. Danach kochten die Emotionen hoch und es kam zu Tumulten. Der Gegner sprach nach dem Spiel von mangelnder Platzaufsicht und der Schiedsrichter beklagte, dass er und die Linienrichter von Zuschauern tätlich angegriffen worden seien und seine Abfahrt nur durch den Einsatz von zwei Polizeiwagen möglich wurde. Der Norddeutsche Fußball-Verband sperrte Hannover 96 daraufhin, obwohl 96-Trainer Heinz Lucas und zahlreiche Spieler für die Sicherheit des Schiedsrichtergespanns Sorge getragen hatten, für zwei Heimspiele. In einer Berufungsverhandlung wurde die Platzsperre auf ein Spiel reduziert und eine Geldstrafe von 2.000 DM verhängt.

Daher fand das 96-Heimspiel am 3.3.1963 gegen Bergedorf 85 „auswärts" auf dem Sportplatz am Neustädter Holz in Celle statt. Hannover 96 hatte auf dem mit einer dünnen Schneeschicht bedeckten Platz kurz vor dem Spiel noch trainiert und seinen Fans zahlreiche Reisemöglichkeiten zur Verfügung gestellt, sodass gut 4.000 Hannoveraner unter den 8.000 Besuchern vor Ort beim Spiel dabei waren.

Nachdem Stürmer Hans-Georg Bruhn in diesem Spiel zwei seiner drei Tore in seiner gesamten Laufbahn bei Hannover 96 bis zur 16. Spielminute erzielt hatte, war klar, dass Hannover 96 das Spiel gewinnen würde. Zahlreiche weitere hochkarätige Torchancen blieben ungenutzt – aber der Sieg im einzigen Pflicht-Heimspiel, das nicht in Hannover ausgetragen wurde, war verdient und zu keiner Zeit gefährdet.

Wenn das Niedersachsenstadion für Hannover 96 nicht nutzbar war, musste der Verein auch später gelegentlich ausweichen, aber nie mehr außerhalb der Stadtgrenzen, sondern immer nur ins Eilenriedestadion.

Hannover 96: Meyer, Flegel, Steinwedel, Kettler, Fahrtmann, Mittrowski, Bohnsack, Hartz, Bruhn, Laszig, Nix, Kellermann
Schiedsrichter: Lutz (Bremen)
Zuschauer: 8.000 auf dem Sportplatz Neustädter Holz Celle
Tore: 1:0 Bruhn (8.), 2:0 Bruhn (16.), 3:0 Kellermann (44.), 4:0 Bohnsack (89.)

Freundschaftsspiel

Erstmals wieder die „96" auf der Brust

20. Oktober 1963: Hannover 96 – Arminia Bielefeld 2:1 (0:0)

Im Jahr 1914 trug das Team von Hannover 96 erstmals die stilisierte Zahl „96" auf der weißen Trikotbrust, bevor 96 seine Bildmarke – die heute sehr bekannte „96" im Kreis – für viele Jahre seiner Geschichte weder auf dem offiziellen Briefpapier noch auf den Trikots der Fußballer nutzte.

Auf den Trikots der Fußballer taucht die Zahl 96 erst während der Spiele der Saison 1963/64 wieder auf: Die Zahlen wurde von Hand aus weißem Stoff ausgeschnitten und dann auf die Spielertrikots aufgenäht – allerdings noch ohne den heutigen Kreis drumherum.

Laut den Archivquellen wollte Erfolgstrainer Helmut „Fiffi" Kronsbein unbedingt die „96" zurück: Sie sollte den Spielern eine zusätzliche Motivation und Bindung an den Verein im Kampf um den Bundesligaaufstieg verschaffen. So beauftragte er den Verein, dafür zu sorgen, dass man zum Lokalderby gegen Arminia Hannover am 27.10.1963 die „96" auf dem Trikot präsentieren könne. Und so geschah es dann auch: Wer die beiden Zahlen 9 und 6 aus weißem Stoff ausschnitt und dann auf die Trikots von Hand aufnähte, ist nicht dokumentiert – dafür aber, wann die Spieler erstmals die „96" auf der Trikotbrust trugen. Eine Woche vor dem Spiel gegen Arminia Hannover kam es im Oktober 1963 zu einem Freundschaftsspiel gegen Arminia Bielefeld im Eilenriedestadion und dort lief das Team von Helmut Kronsbein mit der „96" auf dem roten Trikot auf und gewann gegen den ehemaligen Verein von Trainer Kronsbein mit 2:1 durch Tore von Friedel Schicks und Udo Nix.

Das erste Punktspiel mit der „96" auf der Brust verlor 96 zwar bei Arminia Hannover eine Woche später mit 1:2. Coach Helmut Kronsbein ließ sich aber nicht beirren und die „96" prangte weiter auf den Trikots und der Plan ging auf: Hannover 96 stieg am Ende der Saison in die Bundesliga auf.

Hannover 96: Meyer, Kettler, Bohnsack, Mittrowski (Bruhn), Kronsbein, Nix, Heiser, Herbst, Rodekamp, Laszig (Schicks), Hoff (Kellermann)
Schiedsrichter: Drücker (Niedernwöhren)
Zuschauer: 4.500 im Eilenriedestadion Hannover
Tore: 1:0 Schicks (62.), 2:0 Nix (66. Elfmeter), 2:1 Ruchel (68.)

Nervenmühle Aufstiegsrunde mit „Popo"

20. Juni 1964: Alemannia Aachen – Hannover 96 3:2 (1:1)

96 stand am Ende der Saison 1963/64 auf dem 2. Tabellenrang der Regionalliga Nord und nahm an der Aufstiegsrunde zur Bundesliga teil. 96 bestritt insgesamt sechs Gruppenspiele – die Partie, die am meisten im Gedächtnis haften blieb, war sicher das Spiel bei Alemannia Aachen. 96-Mannschaftsbetreuer Rolf Roeschlau erzählte dem 96-Archivar später:

„Nach 3 Siegen in den ersten Spielen ging es nach zwei Ruhetagen weiter in Richtung Aachen zum Rückspiel. In Rurberg fanden wir ein sehr schönes Fleckchen Erde und konnten nach Herzenslust entspannen. Wir machten eine Dampferfahrt auf dem Rurbergsee und fuhren auch mit dem Bus ins nahe gelegene Lüttich in Belgien. Dort kauften wir ein Maskottchen. Trainer Kronsbein kannte sich in der Stadt gut aus und wusste von einer zoologischen Handlung, die Affen verkaufte. Also per Taxi zum Geschäft und dort entdeckten wir kleine Meerkatzen. Und schon waren wir im Besitz unseres ‚Popo'. Durch den Zoll konnten wir ihn mit einiger List durchbringen, und so kam ‚Popo' als blinder Passagier nach Deutschland. Als Glücksbringer erwies er sich jedoch vorerst noch nicht. Das Spiel bei Alemannia Aachen stand unter einem unglücklichen Stern, denn schon gleich zu Anfang zog sich 96-Kapitän Heinz Steinwedel eine schmerzhafte Verletzung zu, sodass er bis zum Schluss nur als Statist mitwirken konnte. Wir erhielten einen Strafstoß und als Otto Laszig diesen verwandelt hatte, fühlte man sich in ein Irrenhaus versetzt. Pausenlos dröhnten Schieberrufe von den Rängen. Steine flogen aufs Spielfeld, und dem Schiedsrichter entglitt das Spiel. Dies soll keine Entschuldigung dafür sein, dass wir in Aachen verloren haben, sondern nur aufzeigen, warum Aachen auf eigenem Platze kaum zu schlagen ist. Auch das Drum und Dran, das uns in Aachen widerfuhr, war nicht gerade dazu angetan, unser Herz zu erfreuen. Um es nur ganz kurz festzuhalten, wir verloren das Spiel mit 3:2."

Hannover 96: Podlasly, Bohnsack, Steinwedel, Fuchs, Laszig, Mittrowski, Kellermann, Gräber, Nix, Heiser, Rodekamp
Schiedsrichter: Deuschel (Ludwigshafen)
Zuschauer: 18.000 im Tivoli Aachen
Tore: 0:1 Laszig (18. Foulelfmeter), 1.1 Gronen (23.), 1:2 Kellermann (71.), 2:2 Hahn (80.), 3:2 Breuer (86.)

Aufstiegsrunde zur Fußball-Bundesliga

Bundesliga-Aufstieg perfekt

28. Juni 1964: Hannover 96 – Hessen Kassel 3:1 (2:0)

Mit dem 4:0-Auswärtssieg gegen FK Pirmasens war Hannover 96 praktisch schon in die Bundesliga aufgestiegen. 96-Mannschaftsbetreuer Rolf Roeschlau zu den Vorbereitungen auf das letzte Spiel gegen Hessen Kassel:

„Nach dem Sieg in Pirmasens gönnten wir uns ein Tröpfchen des süffigen Pfälzer Weines. Am darauffolgenden Tag ging es wieder heimwärts, um anschließend in Mardorf am Steinhuder Meer im Hotel ‚Zur Reuse' die letzten Stunden vor Beendigung der Aufstiegsrunde zu verbringen. Die Vorbereitungen waren noch genauso intensiv wie vor dem ersten Spiel. Wenn wir das Spiel am 28.6.1964 auch ruhig mit 3:0 hätten verlieren können, um dennoch aufzusteigen, so war aber bei allen Spielern doch der Ehrgeiz vorhanden, das letzte Spiel daheim siegreich zu gestalten. Von Beginn an wussten alle im weiten Rund des Niedersachsenstadions, dass unsere Jungen es ernst meinten. In diesem Treffen spielte von der 5. Minute an nur eine Mannschaft, nämlich die unsrige. Hätten nicht Pfosten und Latte den Kasselanern oft hilfreich zur Seite gestanden, sie hätten höher verloren als nur mit 3:1. Als nach 90 Minuten der Schlusspfiff ertönte, lagen wir uns alle in den Armen und schämten uns der Freudentränen nicht. Vergessen war in diesem Moment all das, was hinter uns lag. Wir freuten uns mit den fast Siebzigtausend im Stadion. Der Aufstieg war geschafft. 21 Böllerschüsse und der gemeinsame Gesang ‚So ein Tag, so wunderschön wie heute' werden uns noch lange in den Ohren klingen".

96-Präsident Strothe sagte nach dem Schlusspfiff: „Ich kann nichts mehr sagen – ich kann vor lauter Glück nicht sprechen" und Trainer Kronsbein stammelte nach dem Abpfiff immer wieder „Ich bin so glücklich". Tags zuvor hatten die 96-Amateure die zweite Deutsche Amateurmeisterschaft gewonnen – ein sehr erfolgreiches Wochenende für 96.

Hannover 96: Podlasly, Steinwedel, Bohnsack, Mittrowski, Laszig, Fuchs, Heiser, Gräber, Rodekamp, Nix, Kellermann
Schiedsrichter: Baumgärtle (Hagen)
Zuschauer: 68.000 im Niedersachsenstadion Hannover
Tore: 1:0 Heiser (10.), 2:0 Rodekamp (39.), 3:0 Rodekamp (82.), 3:1 Jendrosch (85.)

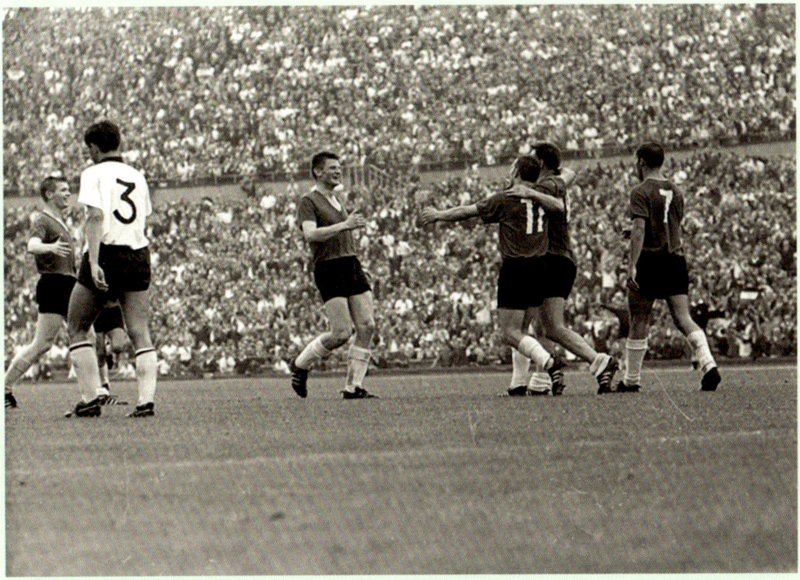

Die 96-Spieler bejubeln das 1:0 gegen Hessen Kassel durch „Freddy" Heiser (96-Archiv)

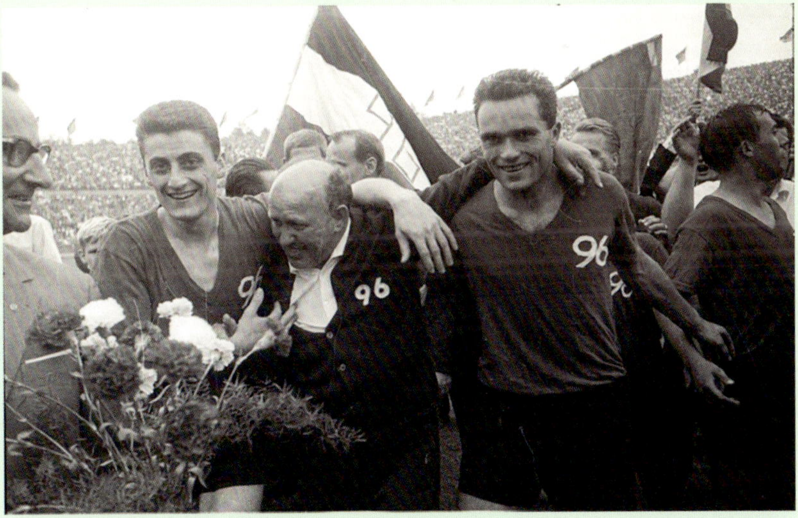

Winfried Mittrowski, Trainer Helmut „Fiffi" Kronsbein und Klaus Bohnsack feiern den Bundesliga-Aufstieg mit den Fans auf dem Rasen des Niedersachsenstadions.

(privat/Heiser)

Was für ein Bundesliga-Debüt!

22. August 1964: Borussia Dortmund – Hannover 96 0:2 (0:0)

Vor dem Start in die Saison 1964/65 stellte 96-Trainer Kronsbein klar, dass der Klassenerhalt die Zielsetzung für Hannover 96 sein müsse, denn alle Spieler gingen noch einer Halbtagsbeschäftigung nach und trainierten nur montags, dienstags, mittwochs und donnerstags jeweils von 15 bis 17 Uhr. Freitags vor den Spielen wurde das Team zusammengezogen. Mit 21 Lizenzspielern ging Hannover 96 in die erste Bundesligasaison seiner Geschichte.

Der Start in die 1. Bundesliga verlief für 96 optimal: Hannover 96 gewann am ersten Spieltag bei Borussia Dortmund mit 2:0 und war sofort Bundesliga-Tabellenführer. Walter Rodekamp erzielt beide Tore. Während 96 als Bundesliga-Neuling selbstsicher auftrat, wirkten die Dortmunder – immerhin Deutscher Meister 1962 und Bundesligavierter 1963/1964 – eher schwerfällig.

96 begann vorsichtig und kam in der 1. Halbzeit nur zu einer Chance in der 28. Spielminute, als Rodekamp knapp über die Torlatte schoss. Nach dem Seitenwechsel wurden die 96er mutiger und bereits das erste Bundesligator für 96 zum 1:0 durch einen Flachschuss von Walter Rodekamp gab den Zuschauern das Gefühl, dass dies eine Vorentscheidung gewesen war. Die gut 500 mitgereisten 96-Fans konnten es kaum fassen. Den Sieg machte Hannover 96 fünf Minuten später perfekt, als Freddy Heiser seinen Gegenspieler Geisler umspielte und Rodekamp mit einer Flanke bediente. Aus der Drehung heraus hämmerte er den Ball vom Elfmeterpunkt volley an Nationalkeeper Tilkowski vorbei ins Dortmunder Tor zum 2:0-Endstand. Dortmund raffte sich in der Schlussphase zwar noch etwas auf, doch Wosabs Kopfball wurde von Otto Laszig auf der Torlinie abgewehrt und Konietzka und Brungs scheiterten an 96-Keeper Horst Podlasly und so startete Hannover 96 mit einem Auswärtssieg in das Abenteuer Bundesliga.

Hannover 96: Podlasly, Steinwedel, Bohnsack, Mittrowski, Laszig, Fuchs, Heiser, Gräber, Rodekamp, Nix, Kellermann
Schiedsrichter: Handwerker (Ketsch)
Zuschauer: 38.000 im Stadion Rote Erde, Dortmund
Tore: 0:1 Rodekamp (52.), 0:2 Rodekamp (57.)

Freundschaftsspiel

Mit dem Nordrivalen gegen Polen

3. Februar 1965: Hannover 96/Hamburger SV gegen Polen 2:2 (0:2)

In der Frühzeit des Fußballs spielten Nationalteams auch mal gegen Vereine. Das erste notierte Länderspiel mit Spielern von Hannover 96 bestritt eine Auswahl des Südbezirks im September 1926 unter Flutlicht gegen die Türkei.

Anfang Februar 1965 trat eine kombinierte Auswahl von Hannover 96 und dem Hamburger SV in Hannover gegen die polnische Nationalelf an und erkämpfte ein 2:2 (0:2). Auf vereistem Boden sahen 25.000 Zuschauer an einem frühen Mittwochnachmittag – das Niedersachsenstadion verfügte noch nicht über eine Flutlichtanlage – eine tolle kämpferische Leistung der Bundesligaspieler aus den beiden norddeutschen Vereinen. Das Zusammenspiel der hannoverschen und hamburgischen Profis klappte überraschend gut und die Kombination wirkte wie eine seit langem aufeinander abgestimmte Vereinself. Die beiden Vereinstrainer Georg Gawliczek (HSV) und Helmut „Fiffi" Kronsbein lobten nach dem Spiel die Homogenität und den kämpferischen Einsatz. Die Auswahl ließ sich auch durch zwei Kontertore von Liberda (7.) und Kowalik (30.) und die frühe 2:0-Führung der Polen nicht einschüchtern, sondern attackierte nach der Halbzeit das Tor der Polen noch intensiver. In der 47. Minute sorgte Walter Rodekamp für den 1:2-Anschlusstreffer nach einem Dribbling von Uwe Seeler – ehe wieder Rodekamp mit einem Volleyschuß bereits in der 57. Minute für den 2:2-Endstand sorgte. Danach hatte Bernd Dörfel noch zwei gute Torchancen, bevor Keeper Horst Podlasly kurz vor Schluss das Unentschieden mit einer Glanzparade sicherte.

Der polnische Nationaltrainer Koncewicz sagte nach dem Spiel: „Seeler hatte ich meinen Spielern als gefährlichsten Mann geschildert. Aber Walter Rodekamp war deutlich stärker, nicht nur wegen seiner beiden Tore."

Hannover 96/HSV 1. Halbzeit: Krämer (Podlasly), Krug, Kurbjuhn, Mittrowski, Giesemann, Mülhausen, Heiser, Seeler, Rodekamp, Nix, G. Dörfel
2. Halbzeit: Podlasly, Steinwedel, Bohnsack, Mittrowski, Giesemann, Kurth, Bandura, Seeler, Rodekamp, B. Dörfel, Peltonen
Schiedsrichter: Thier (Gelsenkirchen)
Zuschauer: 25.000 im Niedersachsenstadion Hannover
Tore: 0:1 Liberda (7.), 0:2 Kowalik (30.), 1:2 Rodekamp (47.), 2:2 Rodekamp (57.)

Erstes Nachholspiel von 96 in der Bundesliga

14. April 1965: Hannover 96 – 1. FC Kaiserslautern 4:0 (2:0)

Als am 30.1.1965 Hannover 96 gegen den 1. FC Kaiserslautern in Hannover spielen sollte, hatte es in der Nacht zuvor stark geschneit, sodass Schiedsrichter Tschenscher das Spiel in Hannover kurzfristig absagte. Spielfläche sowie die Zuschauerränge des Niedersachsenstadions konnten nicht rechtzeitig vom Schnee befreit werden. Das angedachte Festtreten des Schnees hätte den Schneematsch auf dem Rasen deutlich verschlimmert.

So kam es im April 1965 zum ersten Bundesliga-Nachholspiel für Hannover 96 – das erste Nachholspiel der Bundesliga überhaupt fand am 8.2.1964 zwischen dem VfB Stuttgart und Schalke 04 statt. Der 1. FC Kaiserslautern trat unter Leitung von Interimscoach Werner Liebrich, dem Mitglied der Deutschen Weltmeisterelf von 1954, an. Die 35.000 Zuschauer hatten ihre Freude an der geschlossenen Mannschaftsleistung des 96-Teams unter Coach Helmut „Fiffi" Kronsbein.

Hannover 96 brauchte nicht lange, um die Abwehr des 1. FC Kaiserslautern in arge Verlegenheit zu bringen. Auch auf das erste Tor mussten die Zuschauer nur zwölf Minuten warten. Karl-Heinz Mülhausen lupfte den Ball gekonnt über Torwart Strich hinweg ins Tor. Danach lief das 96-Spiel: Angetrieben von Karl-Heinz Mülhausen und Udo Nix rollte Angriff auf Angriff auf das Gästetor. Fred Hoff köpfte in der 37. Minute zum 2:0 ein. Erst nach der Halbzeitpause ergaben sich erste Torchancen der Gäste. Aber Hannover 96 hielt dagegen und Karl-Heinz Mülhausen erzielte sein zweites Tor, als er entschlossen zum 3:0 einschoss. Mit seinem dritten Tor, nachdem er drei gegnerische Abwehrspieler im FCK-Strafraum ausgetanzte hatte, sorgte er schließlich für den 4:0-Endstand.

Hannover 96: Podlasly, Bohnsack, Fuchs, Laszig, Steinwedel, Mittrowski, Nix, Hoff, Mülhausen, Bandura, Rodekamp
Schiedsrichter: Betz (Regensburg)
Zuschauer: 35.000 im Niedersachsenstadion Hannover
Tore: 1:0 Mülhausen (12.), 2:0 Hoff (37.), 3:0, 4:0 Mülhausen (58., 70.)

Erster Bundesliga-Platzverweis gegen 96

30. April 1965: Hannover 96 – Borussia Neunkirchen 1:1 (0:1)

Die Begegnung gegen Borussia Neunkirchen im Niedersachsenstadion Ende April 1965 wäre sicher längst in Vergessenheit geraten, wenn nicht Karl-Heinz Mülhausens Auftritt bei diesem Spiel in der Geschichte von Hannover 96 ein Novum dargestellt hätte.

96 begann das Spiel nervös und nach zwei Spielminuten nutzte Simmet ein Missverständnis zwischen Otto Laszig und Bodo Fuchs zur Gäste-Führung. 96 war durch dieses frühe Gegentor sichtlich geschockt. Borussia Neunkirchen griff weiter vehement an und versuchte, die Führung auszubauen. 96-Keeper Horst Podlasly verhinderte mit zahlreichen Paraden Schlimmeres für sein Team. In der 72. Minute kam Hannover 96 dann endlich zum Ausgleich. Udo Nix flankte in den Strafraum und Walter Rodekamp verwandelte unhaltbar zum 1:1.

Dann kam es zum unrühmlichen Höhepunkt in diesem von beiden Teams sehr hart geführten Spiel. Karl-Heinz Mülhausen ließ sich in der 81. Minute nach einem rüden Foul seines Gegenspielers Glod hinreißen und revanchierte sich mit einem Schlag, sodass die eigentlich als besonders fair geltende Mannschaft von Hannover 96 den ersten Feldverweis in ihrer Bundesligageschichte erhielt.

Nach dem Spiel sagte 96-Trainer „Fiffi" Kronsbein: „Ich bin entsetzt. Noch nie gab es unter meiner Regie eine Herausstellung. Ich kann mich nur beim Gegner dafür entschuldigen."

Hannover 96: Podlasly, Steinwedel, Bohnsack, Mittrowski, Laszig, Fuchs, Hoff, Mülhausen, Rodekamp, Nix, Bandura
Schiedsrichter: Handwerker (Ketsch)
Zuschauer: 25.000 im Niedersachsenstadion Hannover
Tore: 0:1 Simmet (2.), 1:1 Rodekamp (72.)

Höchster Bundesliga-Heimsieg

18. September 1965: Hannover 96 – Borussia Neunkirchen 6:0 (4:0)

Das 6:0 gegen Borussia Neunkirchen im September 1965 ist der bislang höchste Bundesliga-Heimsieg von Hannover 96. Beide Vereine waren in der Saison zuvor in die Bundesliga aufgestiegen.

Nachdem in der 5. Minute Udo Nix einen Freistoß zu Hans Siemensmeyer gespielt hatte und dessen Flachschuss aus 20 m zur frühen Führung im Tor von Borussia Neunkirchen einschlug, zeigten sich die Gäste verunsichert. Hannover 96 spielte weiter kombinationssicher nach vorn. Als Hans Siemensmeyer einen Sturmlauf startete und sein Pass auf Walter Rodekamp die Borussia-Abwehr überraschte, schoss dieser locker in der 11. Minute zur frühen 2:0-Führung ein. Nach einem Eckball von Udo Nix in der 37. Minute stand erneut 96-Sturmführer Rodekamp frei vor dem gegnerischen Tor und köpfte ungehindert zum 3:0 ein. Kurz vor dem Pausenpfiff kombinierten Udo Nix und Walter Rodekamp die Gästeabwehr schwindlig, die Flanke auf Jürgen Bandura wurde von diesem flach zur 4:0-Pausenführung ins Tor geschoben.

Nach der Halbzeitpause das gleiche Bild – 96 stürmte und Neunkirchen suchte sein Heil in verstärkter Defensive. Der 96-Sturm spielt Chance um Chance heraus. In der 60. Minute fiel das 5:0. Winfried Mittrowski spielte mit Hans Siemensmeyer einen Doppelpass und der 96-Verteidiger erzielte per Kopfball eines seiner wenigen Bundesligatore für Hannover 96.

Neunkirchen versuchte, noch zum Ehrentreffer zu kommen. Dadurch ergaben sich für die schnellen 96-Angreifer weitere Kontermöglichkeiten. Kurz vor dem Abpfiff traf der Neunkirchner Leist, der von Walter Rodekamp heftig bedrängt wurde, mit der Fußspitze den Ball zum 6:0-Endstand ins eigene Tor. 96-Trainer Helmut Kronsbein hätte gern von seinen Spielern noch das eine oder andere Tore mehr gesehen. Sein Gegenüber Horst Buhtz, der spätere 96-Bundesligatrainer, gab dem Referee die Schuld an der deutlichen Niederlage.

Hannover 96: Podlasly, Steinwedel, Bohnsack, Mittrowski, Laszig, Bena, Heiser, Siemensmeyer, Rodekamp, Nix, Bandura
Schiedsrichter: Riegg (Augsburg)
Zuschauer: 31.000 im Niedersachsenstadion Hannover
Tore: 1:0 Siemensmeyer (5.), 2:0 Rodekamp (11.), 3:0 Rodekamp (37.), 4:0 Bandura (45.), 5:0 Mittrowski (60.), 6:0 Leist (89. Eigentor)

Höchster Bundesliga-Auswärtssieg

2. Oktober 1965: Tasmania Berlin – Hannover 96 1:5 (1:3)

Bereits im 37. Bundesliga-Spiel der Vereinsgeschichte errang Hannover 96 beim 5:1-Sieg bei Tasmania Berlin im Berliner Olympiastadion den bislang höchsten Auswärtssieg.

Nach der überraschenden Führung von Tasmania fing sich Hannover 96 und sorgte schon bald für die beruhigende Pausenführung gegen den Bundesliga-Neuling, der nur auf Intervention des DFB als Ersatz für die zwangsabgestiegene Hertha in die Bundesliga aufgenommen worden war.

Nach der Pause kontrolliert 96 das Spiel und kam zu einem ungefährdeten 5:1-Sieg. Durch drei aufeinanderfolgende Kantersiege mit 6:0 daheim gegen Borussia Neunkirchen, dem 5:1 bei Tasmania Berlin und dem 5:2-Heimsieg über den Karlsruher SC kletterte Hannover 96 in der Bundesligatabelle bis auf den 4. Tabellenrang und ließ seine Fans kurzzeitig vom Titel träumen.

Doch bald war von den Träumen von der Tabellenführung nichts mehr übrig. Die 96-Defensive zeigte sich in den folgenden Bundesligaspielen wenig sattelfest und so beendete Hannover 96 die Saison 1965/66 auf einem enttäuschenden 12. Tabellenrang.

Ebenfalls 5:1 gewann Hannover 96 am 27.2.1971 bei Kickers Offenbach. Hans Siemensmeyer erzielte kurz vor der Halbzeit per Elfmeter die Führung. Horst Berg (46.), Hans-Josef Hellingrath (68. per Elfmeter) und Willi Reimann in der 73. und 90. Minute schossen die weiteren Tore für das Team von Trainer Hans Hipp. Den Ehrentreffer für die Offenbacher gelang Bechthold ebenfalls per Elfmeter.

Hannover 96: Podlasly, Steinwedel, Bohnsack, Mittrowski, Laszig, Bena, Heiser, Siemensmeyer, Rodekamp, Nix, Bandura
Schiedsrichter: Siepe (Attendorn)
Zuschauer: 25.000 im Olympiastadion Berlin
Tore: 1:0 Zeh (7.), 1:1 Siemensmeyer (24.), 1:2 Bena (37.), 1:3 Rodekamp (44.), 1:4 Rodekamp (70.), 1:5 Heiser (76.)

Europäischer Messepokal

„Wenn der Vater mit dem Sohne ..."

10. November 1965: Hannover 96 – FC Porto 5:0 (2:0)

Im November 1965 konnten die Fans von Hannover 96 etwas beobachten, das es bei einem Bundesligaverein bis dahin noch nicht gegeben hatte: ein Vater-Sohn-Auftritt für denselben Verein.

96 trat in der 2. Runde des europäischen Messepokals gegen den portugiesischen Meister FC Porto an. 96 besiegte den FC Porto an diesem 10.11.1965 mit 5:0 (2:0). Bereits nach wenigen Minuten führten die 96er klar mit 2:0. Von diesem Schock erholten sich die Portugiesen während des gesamten Spiels nicht mehr. Nach dem Tor zum 3:0 durch Jürgen Bandura in der 65. Minute war 96 endgültig auf der Siegerstraße und so konnte man sich ausführlich der Vater-Sohn-Beziehung als Trainer-Spieler-Beziehung bei Hannover 96 widmen. 96-Trainer Helmut Kronsbein und sein Sohn Peter bildeten in der Saison 1965/66 das erste Trainer-Sohn-Gespann bei einem Proficlub in Deutschland.

„Fiffi" setzte seinen Sohn gegen den FC Porto erstmals in einem Pflichtspiel von Hannover 96 ein – der junge Verteidiger, der aus der 96-Jugend stammte, war zuvor nur in Freundschaftsspielen im Team seines Vaters im Einsatz gewesen.

Nach dem Spiel gegen Porto kam er für Hannover 96 noch am 20.11.1965 gegen den 1. FC Nürnberg (1:2) und eine Woche später bei Schalke 04 (0:1) in der Bundesliga zum Einsatz. Sein Vater nahm ihn später bei seinem Wechsel auf den Trainerposten zu Hertha BSC mit in die Hauptstadt.

In Deutschland sind bisher nur Trainer Herbert und Sohn Dieter Burdenski bei Werder Bremen, Trainer Fritz und sein Sprössling Uwe Fuchs beim FC Homburg, Franz Gerber und Sohn Fabian bei Hannover 96 und Pal Dardai mit seinen Söhnen Palko und später Marton als Vater-Sohn-Gespanne bei Hertha BSC in Pflichtspielen im Profibereich angetreten.

Hannover 96: Grunenberg, Fuchs, P. Kronsbein, Mülhausen, Mittrowski, Bena, Klose, Siemensmeyer, Rodekamp, Nix, Bandura
Schiedsrichter: Poulsen (Dänemark)
Zuschauer: 5.000 im Niedersachsenstadion Hannover
Tore: 1:0 Rodekamp (4.), 2:0 Siemensmeyer (6.), 3:0 Bandura (65.), 4:0 Nix (73.), 5:0 Siemensmeyer (82.)

Freundschaftsspiel

Einträchtig bei der Flutlichteinweihung

15. Dezember 1965: Hannover 96/Eintracht Braunschweig – Rumänien 3:1 (3:1)

Das 1954 eröffnete Niedersachsenstadion war mit über 80.000 Zuschauerplätzen das größte Stadion der damaligen Zeit in Westdeutschland – aber es hatte kein Flutlicht.

Erst im Dezember 1965 wurde eine Flutlichtanlage eingeweiht. Damit war das Stadion auch für Abendspiele in der Bundesliga und für Wettbewerbe wie Europapokalspiele oder DFB-Länderspiele wieder voll wettbewerbstauglich. Um 19 Uhr an diesem Dezemberabend wurde die aus 128 Tiefstrahlern mit Quecksilberdampf-Jod-Lampen auf vier 60 Meter hohen Masten bestehende modernste Flutlichtanlage Europas der damaligen Zeit mit einer Leistung von 256.000 Watt eingeweiht. Zur Eröffnung spielte eine Kombination aus Hannover 96 und Eintracht Braunschweig in den klassischen Farben Niedersachsens (rot-weiße Spielkleidung) gegen die rumänische Nationalelf.

Das erste Tor unter Flutlicht im Niedersachsenstadion erzielte der Kapitän von Hannover 96, Hans Siemensmeyer, der in der 12. Spielminute aus halbrechter Position unhaltbar für Rumäniens Nationaltorwart Ionescu ins Tor traf. Als in der 21. Minute ein Freistoß von Matei auf Moldveanu gespielt wurde, konnte dieser per Kopfball-Aufsetzer Horst Grunenberg im Tor zum 1:1-Ausgleich überlisten. Neun Minuten später ging die Niedersachsenauswahl erneut in Führung. Ein Schuss von Walter Rodekamp überraschte den herausstürzenden Torwart Ionescu. Für den 3:1-Endstand sorgte der Braunschweiger Lothar Ulsaß per Kopfball noch vor der Halbzeitpause.

Dass beide Vereine eine gemeinsame Mannschaft bildeten, erscheint bei der heutigen Rivalität für viele Fans etwas sonderbar, aber die Spieler der damaligen Zeit berichten von vielen positiven persönlichen Treffen.

Hannover 96/Eintracht Braunschweig: Grunenberg (Wolter), Steinwedel (Mülhausen), Meier, Schmidt, Kaack (Mittrowski), Bena (Bäse), Gerwien (Maaß), Ulsaß, Rodekamp, Siemensmeyer, Bandura
Schiedsrichter: Seekamp (Berlin)
Zuschauer: 30.000 im Niedersachsenstadion Hannover
Tore: 1:0 Siemensmeyer (12.), 1:1 Moldveanu (21.), 2:1 Rodekamp (30), 3:1 Ulsaß (41.)

Europäischer Messepokal

Unglückliches Aus nach Los

2. März 1966: Hannover 96 – FC Barcelona 1:1 n.V. (1:0; 1:1)

Nachdem Hannover 96 gegen den großen FC Barcelona im Achtelfinale des Messepokals das Heimspiel 2:1 gewonnen und auwärts 0:1 verloren hatte, setzte die UEFA ein Entscheidungsspiel in Hannover an.

Anfang März 1966 unterstützten 55.000 Zuschauer das 96-Team im 3. Spiel. Und nach 11 Minuten konnten sie erstmal jubeln. Walter Rodekamp brachte mit einem Fallrückzieher von der Torauslinie den Ball in den Fünfmeterraum, Barcas Torwart Reina verpasste das Leder und Jürgen Bandura drückte es zum 1:0 über die Linie. Das 2:0 schien bereits Sekunden später möglich: Der Barca-Anstoß wurde abgefangen, Walter Rodekamp setzte sich gegen die Barca-Abwehr durch – aber er wurde in letzter Sekunde gestoppt.

Direkt nach der Halbzeitpause startete Jürgen Bandura einen Alleingang – scheiterte aber knapp an Barca-Keeper Reina. Danach spielte Barca Powerplay und 96-Keeper Horst Podlasly zeichnete sich öfter aus. Bis kurz vor Spielende verteidigte 96 den knappen Vorsprung. Doch Barcas Stürmer Pujol erzielte in der 88. Minute den glücklichen Ausgleichstreffer. Danach folgte eine wenig ereignisreiche Verlängerung mit nur einem Höhepunkt: In der 113. Minute verpasste Siemensmeyer eine Flanke knapp, aber Barca-Verteidiger Olivella donnerte den Ball Richtung eigenes Tor und zwang Barca-Keeper Reina zu einer Glanztat, mit der er das Unentschieden rettete.

Da das heute übliche Elfmeterschießen noch nicht eingeführt war, musste das Los entscheiden. Die Unparteiischen, die Mannschaftskapitäne und die Offiziellen zogen sich zum Münzwurf in die Katakomben des Stadions zurück. In der Kabine von Schiedsrichter Taylor wurde die Münze geworfen. Barcas Vertreter hatten sich für das Bild auf der Münze entschieden und damit Losglück. Hannover 96 konnte sich am Saisonende damit trösten, dass Barcelona den Europacup gewann. Ab der nächsten Saison führte die UEFA testweise im Europa-Pokal der Pokalsieger bei Torgleichheit die Auswärtstorregel ein.

Hannover 96: Podlasly, Bohnsack, Bena, Mittrowski, Laszig, Fuchs, Heiser, Gräber, Siemensmeyer, Rodekamp, Bandura
Schiedsrichter: Taylor (England)
Zuschauer: 55.000 im Niedersachsenstadion Hannover
Tore: 1:0 Bandura (11.), 1:1 Pujol (88.)

Das erste 96-Eigentor in der Bundesliga

11. Februar 1967: Fortuna Düsseldorf – Hannover 96 1:0 (1:0)

Nach dem Aufstieg von Hannover 96 im Juni 1964 in die Bundesliga dauerte es mehr als zweieinhalb Jahr, bevor ein 96-Spieler ein Eigentor erzielte. Die 0:1-Auswärtsniederlage bei Fortuna Düsseldorf im Februar 1967 ist dadurch zwar in die Annalen von Hannover 96 eingegangen – aber es gab über das Spiel sonst wenig zu berichten.

In der 17. Spielminute fälschte 96-Mannschaftskapitän Otto Laszig einen Schuss des Düsseldorfer Hoffer bei einer Abwehraktion unglücklich ins eigene Tor ab – der Ball rutschte ihm dabei über den Spann – und so hatte 96-Keeper Horst Podlasly keine Chance den Ball noch zu halten.

Dieses Tor mutete den 96-Spielern nach dem Abpfiff wie ein schlechter Scherz an. Hannover 96 war während des gesamten Spiels deutlich überlegen und dominierend. Nur zwei Minuten nach dem Eigentor wurde 96-Stürmer Jürgen Bandura knapp vor dem Ausgleichstor gestoppt – Fortuna-Keeper Krüssenberg warf sich dem anstürmenden 96er entschlossen vor die Füße und konnte so das Tor gerade noch vereiteln.

Hannover 96 blieb weiterhin spielbestimmend, aber es fehlte 96 im Angriff an der nötigen Durchschlagskraft. Fortuna Düsseldorf zog sich nach der glücklichen Führung weit in die eigene Hälfte zurück und überließ Hannover 96 weitgehend das Spielgeschehen. 96 erarbeitete sich zahlreiche Torchancen – vergab diese aber.

Der spätere 96-Trainer Werner Biskup entwickelt sich zum Helden der Abwehrschlacht für Fortuna Düsseldorf. So blieb es durch das erste 96-Eigentor in der Bundesliga beim äußerst unglücklichen 0:1 in Düsseldorf.

Hannover 96: Podlasly, Kettler, Breuer, Laszig, Bena, Mittrowski, Straschitz, Poulsen, Rodekamp, Siemensmeyer, Bandura
Schiedsrichter: Betz (Regensburg)
Zuschauer: 20.000 im Düsseldorfer Rheinstadion
Tor: 1:0 Laszig (17. Eigentor)

Erster Auswechselspieler für 96 in der Bundesliga

2. September 1967: Hannover 96 – Borussia Dortmund 2:2 (1:0)

Die Saison 1967/68 brachte zahlreiche Änderungen in der Bundesliga: Ablösesummen für Spielerwechsel konnten bis zur Höhe von 25.000 D-Mark frei zwischen den Vereinen ausgehandelt werden und erstmals durfte ein Spieler pro Mannschaft ausgewechselt werden – allerdings nur bei einer Verletzung.

Am 2.9.1967 machte Hannover 96-Trainer Horst Buhtz erstmals von der neuen Auswechselregel Gebrauch. Im Heimspiel gegen Borussia Dortmund wurde der dänische Nationalspieler Kaj Poulsen in der 71. Minute für den verletzten Rainer Stiller als erster 96-Spieler in der Bundesliga eingewechselt. Da das Thema noch neu für die Medien und Zuschauer war, wurden diese Auswechslungen mit dem Hinweis 12. Spieler für alle Leser bei der Mannschaftsaufstellung deutlich herausgestellt.

In diesem verbissen geführten Bundesligaspiel sah Hannover 96 lange Zeit wie der sichere Sieger aus. Einen Freistoß jagte Hermann Straschitz unhaltbar zur 1:0 Pausenführung ins Netz. Nach der Halbzeitpause flankte Libuda auf Emmerich, der zum 1:1-Ausgleich traf. Danach verletzte sich Rainer Stiller. Gut sechs Minuten lang wartete 96-Trainer Horst Buhtz, ob sein Verteidiger vielleicht doch das Spiel noch fortsetzen könne, aber der erlittene Innenbandschaden ließ das nicht zu. Die Zeit der Überzahl nutzte erneut Nationalspieler Emmerich eiskalt zur überraschenden 1:2-Führung der Dortmunder aus.

Erst nach dem Gegentor entschied sich der 96-Trainer zum historischen Wechsel und brachte Kaj Poulsen. Der dänische Nationalspieler sorgte nach seiner Einwechselung für zusätzlichen Schwung in der 96-Offensive. Und acht Minuten vor dem Abpfiff erzielte Josip Skoblar den verdienten 2:2-Ausgleich für Hannover 96.

Hannover 96: Podlasly, Hellingrath, Breuer, Laszig, Stiller (70. Poulsen), Siemensmeyer, Straschitz, Bandura, Heynckes, Skoblar, Rodekamp
Schiedsrichter: Spinnler (Mainz)
Zuschauer: 60.000 im Niedersachsenstadion Hannover
Tore: 1:0 Straschitz (42.), 1:1 ,1:2 Emmerich (61./67.), 2:2 Skoblar (82.)

Erstes Bundesliga-Jokertor für 96

6. Januar 1968: 1. FC Köln – Hannover 96 2:1 (1:0)

Norbert Irtel ist der erste Joker-Torschütze in der Bundesliga-Historie von Hannover 96. In der 24. Minute war Irtel im Auswärtsspiel beim 1. FC Köln eingewechselt worden, in der 48. Minute traf er bei seiner Bundesliga-premiere zum 1:1-Ausgleich. Journalisten sprechen hinterher dann immer gern von einem glücklichen Händchen des Trainers bei der Einwechslung.

Für Hannover 96-Trainer Horst Buhtz galt das Anfang des Jahres 1968 in ganz besonderem Maße. Bis zur Saison 1967/68 waren Auswechselungen in der Bundesliga nicht erlaubt gewesen. Ab Sommer 1967 durfte ein Spieler pro Mannschaft eingewechselt werden – allerdings nur, wenn eine Verletzung vorlag.

„Es ist zwar schon fast 45 Jahre her, aber ich kann mich noch gut an dieses Bundesligaspiel erinnern", sagte Norbert Irtel vor einigen Jahren. „Ich wurde für den verletzten Otto Laszig eingewechselt und habe dann nach der Halbzeit nach einer Ecke gegen Kölns Torwart Anton Schumacher zum 1:1-Ausgleich getroffen. Noch heute kriege ich Gänsehaut, wenn ich an diesen Moment denke. Ich spielte nur zweimal in der Bundesliga für Hannover 96 und traf einmal. Da spielte es auch keine Rolle, dass wir am Ende das Auswärtsspiel noch mit 1:2 beim 1. FC Köln verloren."

Hannover 96 drängte zwar nach dem 2:1 durch Simmet vehement auf den Ausgleich, aber nach einem Platzverweis für Jürgen Bandura musste sich Hannover 96 dann doch mit einer Auswärtsniederlage abfinden.

Hannover 96: Podlasly, Hellingrath, Breuer, Laszig (24. Irtel), Anders, Siemensmeyer, Gräber, Poulsen, Heynckes, Bandura, Rodekamp
Schiedsrichter: Kreitlein (Stuttgart)
Zuschauer: 9.000 im Müngersdorfer Stadion Köln
Tore: 1:0 Löhr (35.), 1:1 Irtel (48.), 2:1 Simmet (72.)
Besondere Vorkommnisse: Platzverweis Bandura (96)

Der jüngste Trainer bei Hannover 96

17. Februar 1968: Hannover 96 – HSV 2:2 (0:2)

96-Trainer Horst Buhtz wurde am 13.2.1968 nach einer 1:3-Niederlage bei Borussia Neunkirchen durch 96-Präsident Alfred Strothe entlassen – Hannover 96 stand zu diesem Zeitpunkt auf Tabellenplatz 7. Sein Nachfolger wurde Karl-Heinz Mülhausen, der zu diesem Zeitpunkt noch Lizenzspieler bei 96 war und zugleich als Trainer der 96-Amateurmannschaft tätig war. Mülhausen wurde mit 30 Jahren und 8 Monaten der jüngste Bundesligatrainer bis dahin. Erst 2016 wurde er durch Julian Nagelsmann bei der TSG Hoffenheim als jüngster Bundesligatrainer aller Zeiten abgelöst.

Die Vorbereitung auf sein erstes Spiel – dem Nordderby gegen den HSV – stand für Mülhausen unter keinen guten Vorzeichen. Beim ersten Training verletzte sich durch einen sehr harten Schuss Stammtorwart Horst Podlasly. Diesem rissen zwei Fingersehnen, sodass er für das Spiel ausfiel. Auch Kaj Poulsen verletzte sich im ersten Training des Neu-Coaches: So musste der neue Mann an der Seitenlinie neben den zuvor bereits verletzten Jupp Heynckes und Christian Breuer insgesamt auf vier Stammspieler verzichten.

Als „Charly" Dörfel nach 39. Minute die 2:0-Führung des HSV erzielte, schien das Heimdebüt des neuen Trainers schiefzugehen. In der 56. Minute zirkelte Hans Siemensmeyer einen abgeprallten Ball zum 1:2 ins HSV-Tor und nur 60 Sekunden später nutzte Josip Skoblar, der spätere HSV-Trainer, einen Abwehrfehler zum 2:2-Endstand aus.

„Ich bin zu dem Zeitpunkt mitten aus der Serie als Spieler herausgerissen worden. Ich bekam vom Präsidium die Traineraufgabe übertragen. Leider hatte ich zu dieser Zeit noch keine Trainerlizenz und so fand der Verein mit Willi Nolte einen ‚Rentner', der seine Trainer-Lizenz zur Verfügung stellte, sodass ich als verantwortlicher Trainer arbeiten konnte", erinnerte sich „Kaschi" Mülhausen später an seinen Start als Profi-Trainer.

Hannover 96: Helmschrot, Hellingrath, Anders, Laszig, Stiller, Siemensmeyer, Gräber, Bandura, Rodekamp, Skoblar, Irtel
Schiedsrichter: Malka (Herten)
Zuschauer: 20.000 im Niedersachsenstadion Hannover
Tore: 0:1 Hönig (15.), 0:2 G. Dörfel (39.), 1:2 Siemensmeyer (56.), 2:2 Skoblar (57.)

Als der „Kaiser" und der „Bomber" aus der Rollen fielen

7. Dezember 1968: Hannover 96 – Bayern München 1:0 (0:0)

Als Hannover 96 im Dezember 1968 den Tabellenführer aus München besiegte, war es vorbei mit der Contenance der Bayern. Franz Beckenbauer stellte sich vor die 96-Fans und zeigte mit einer „Männeken Pis"-Bewegung „dem verehrten Publikum", wie er es später selbst beschrieb, „seine Gemütsverfassung" nach der 0:1-Niederlage. Er wurde während des Spiels von den 40.000 Zuschauern lautstark ausgepfiffen. Anschließend verdonnerte der DFB ihn wegen der Ereignisse in Hannover zu einer 1.000 D-Mark Strafe und er musste zwei Entschuldigungsbriefe versenden. Auch Bayerns Nationalspieler Gerd Müller benahm sich daneben: Sein Foul an seinen Nationalmannschaftsrivalen im 96-Trikot Jupp Heynckes, den er in einer Spielunterbrechung ungesehen vom Schiedsrichter zu Boden drückte oder, wie einige Quellen später meldeten, niederschlug. Er wurde dafür vom DFB für acht Wochen gesperrt und DFB-Trainer Helmut Schön verzichtete auf seinen Goalgetter bei der anstehenden Südamerikareise der Nationalmannschaft.

Bayerns Starek versuchte, sich sofort zu Beginn des Spiels Respekt zu verschaffen, und foulte Jürgen Bandura mehrmals recht heftig. Und als Rainer Stiller nach einem harten Zweikampf mit Gerd Müller bereits nach zehn Minuten den Platz verletzt verlassen musste, kippte die Stimmung auch auf den Zuschauerrängen. Insgesamt gab es 64 Freistöße, ein Dutzend Verwarnungen und einen Platzverweis.

Nach der Halbzeit drängte Hannover 96 auf die Führung und nur fünf Minuten nach dem Wiederanpfiff war es dann soweit. Josip Skoblar dribbelte sich durch die Bayern-Abwehr, umspielte Franz Beckenbauer und passte den Ball zu Hans Siemensmeyer, der Sepp Maier im Bayern-Tor keine Chance ließ und den frühen 1:0-Endstand gegen den Tabellenführer erzielte.

Hannover 96: Podlasly, Hellingrath, Bohnsack (83. Kettler), Anders, Breuer, Stiller (10. Loof), Zobel, Heynckes, Bandura, Skoblar, Siemensmeyer
Schiedsrichter: Hilker (Bochum)
Zuschauer: 40.000 im Niedersachsenstadion Hannover
Tor: 1:0 Siemensmeyer (50.)
Besondere Vorkommnisse: Platzverweis Gerd Müller (Bayern München)

Freundschaftsspiel

Länderspiel gegen Spanien im Bernabeu Stadion

21. Januar 1970: Spanien – Hannover 96 1:0 (0:0)

Nachdem die Spanier in der WM-Qualifikation 1970 gescheitert waren, wollte man sich konsequent auf die weiteren Länderspiele vorbereiten. Da für Februar 1970 für die Spanier ein Test gegen Deutschland in Sevilla anstand, wurde Hannover 96 kurzfristig im Januar 1970 vom spanischen Fußballverband zu einem Testspiel gegen die spanische Nationalelf nach Madrid eingeladen. Hannover 96 flog über Paris-Orly nach Madrid und bezog in der Nähe des Bernabeu Stadions sein Quartier. 96 nutzte die Gelegenheit, um das Stadion und den Trophäenraum von Real Madrid vor dem Spiel zu besichtigen.

Das Team von Hannover 96-Trainer Hans Pilz, der erst Anfang Januar das Traineramt von Interimstrainer Rolf „Zato" Paetz übernommen hatte, erwies sich vor 55.000 Zuschauern als ein echter Prüfstein für die spanische Nationalelf beim knappen 1:0 (0:0). Beide Teams überzeugten durch temporeiches Angriffsspiel auf dem regennassen Platz. Nur ein umstrittener Elfmeter nach einer Aktion von Klaus Bohnsack an Pujol in der 58. Minute sorgte für den Unterschied. Die Zuschauer quittierten die Entscheidung des spanischen Unparteiischen mit Buh-Rufen, aber Luis verwandelte den Strafstoß sicher.

„Mit einer Faust war ich noch am Ball", beschrieb 96-Keeper Horst Podlasly nach dem Spiel den Elfmeter, „aber leider konnte ich ihn nicht abwehren". Hannover 96 erholte sich schnell vom Gegentor und setzte die spanische Nationalelf in den letzten 15 Minuten erheblich unter Druck. Nach dem Schlusspfiff wurde 96 mit Rufen wie „Viva Hannovera" von den Zuschauern in die Kabine verabschiedet.

Und die Spanier hatten bei dem knappen Sieg über 96 etwas über den deutschen Fußball gelernt, denn die DFB-Nationalelf von Helmut Schön verlor gegen die Spanier gut drei Wochen später mit 0:2 in Sevilla.

Hannover 96: Podlasly, Hellingrath, Anders, Breuer, Bohnsack, Bandura, Siemensmeyer, Stiller, Zobel, Loof, Heynckes
Schiedsrichter: Camacho (Spanien)
Zuschauer: 55.000 im Estadio Bernabeu Madrid
Tor: 1:0 Luis (60. Elfmeter)

Wintertrainingslager

Der Nur-Drei-Tage-96-Trainer

13. Januar 1971: FC Sevilla – Hannover 96 2:1 (2:0).

Das haben die meisten Anhänger von Hannover 96 bisher noch nicht gewusst – der in den 60er und 70er Jahren in Deutschland als Meistermacher verehrte Max Merkel trainierte Hannover 96 drei Tage unentgeltlich, was in keiner offiziellen Hannover 96-Trainerstatistik auftaucht.

Im Januar 1971 fand im Rahmen des Spanien-Wintertrainingslager von Hannover 96 ein Testspiel gegen den von Max Merkel betreuten FC Sevilla statt. Das Spiel endete mit einem 2:1 (2:0)-Sieg der Gastgeber, es war aber dennoch in der Geschichte von Hannover 96 ungewöhnlich. Vor dem Spiel übernahm Sevilla-Coach Max Merkel das Team von Hannover 96 drei Tage als Interimstrainer, denn Hannovers aktueller Trainer Helmut Johannsen musste auf Grund eines Trauerfalls in der Familie aus dem Trainingslager nach Deutschland abreisen. Er übergab daher sein Team gern dem in Deutschland sehr bekannten Meister-Trainer Max Merkel.

„Der als harter Hund bekannte Trainer Max Merkel hat uns vor allem in der Mittagshitze schwer gescheucht. Wir sind dabei die Treppen im Stadion in Sevilla ständig rauf- und runtergerannt", erinnerte sich der ehemalige 96-Spieler Claus Brune später an den Kurzzeit-Trainer. „Er half seinem Trainerkollegen Johannsen und den Verantwortlichen von Hannover 96 natürlich gern aus. Aber er hatte dabei sicher auch Hintergedanken. Durch sein hartes Training mit uns konnte er sicherstellen, dass der FC Sevilla das Freundschaftsspiel gegen uns, wie von den heimischen Fans natürlich erwartet, gewinnen würde", beschrieb Claus Brune das schweißtreibende, nicht ganz uneigennützige „Max Merkel"-Training für Hannover 96 in Sevilla.

Hannover 96: Helmschrot (46. Podlasly), Stiller, Anders, Hellingrath, Bandura, Weller, Siemensmeyer, Berg, Nafziger, Reimann, Brune (46. Bertl)
Schiedsrichter: Quirós (Spanien)
Zuschauer: 3.000 im Estadio Ramon Sanchez Pizjuan Sevilla
Tore: 1:0 Pazos (24.), 2:0 Acosta (40.), 2:1 Hellingrath (79.)

Freundschaftsspiel

Mit Flugangst zum Spiel gegen Pelé

30. Juli 1971: Hannover 96 – FC Santos 1:3 (1:1)

In der Vergangenheit hat man nicht immer so viel Wert auf eine professionelle Saison-Vorbereitung bei 96 gelegt. Die wohl kurioseste und strapaziöseste Saisonvorbereitung lief vor der Saison 1971/72 ab. Im Juli und August stand eine Reise mit elf Freundschaftsspielen in 24 Tagen in den USA und Mexiko auf dem Programm. Die Bilanz mit drei Siegen, vier Unentschieden und vier Niederlagen bei 14:16 Toren war für 96 zufriedenstellend.

Wie fußballverrückt das Team zu der Zeit war, bewies es vor dem geplanten Rückflug. Kurzfristig erhielt Hannover 96 in den USA das Angebot, gegen den FC Santos ein zusätzliches Freundschaftsspiel in Kanada auszutragen. Und als die 96-Spieler erfuhren, dass Superstar Pelé garantiert antreten würde, sagten sie begeistert zu, obwohl einige von ihnen Flugangst hatten. „Trotz der zusätzlichen Reisestrapazen, waren wir alle begeistert, einmal gegen Pelé anzutreten und dafür war uns kein Weg zu weit", beschrieb Hans Siemensmeyer die Motivation gegen den FC Santos zu spielen. 96 verlor in ungewohnten „Rallyestreifen-Trikots" vor 22.000 Zuschauer auf Kunstrasen gegen den ehemaligen Weltpokalsieger mit 1:3.

„Das Spiel stand ursprünglich nicht auf dem Programm. Aber es gehörte nicht viel dazu, uns dafür zu begeistern. Selbst für mich als großen Angsthasen von Starts und Landungen war es ein bewegender Moment gegen einen der besten Fußballer der Welt zu spielen. Hans Siemensmeyer und ich hatten die Ehre Pelé als direkten Gegenspieler je eine Halbzeit zu bewachen. Für ein Foto fragte ich den Superstar vor dem Spiel ‚Can we take a picture?' Pelé antwortete ‚Yes'. Schnell stellten sich aber Jupp Hellingrath und Edi Bandura dafür neben Pelé und mich. Vorbei war es mit meiner Fotoidee: Mein Freund Pelé und ich", beschrieb 96-Mittelfeldmotor Hans-Joachim „Hanjo" Weller später seine Erinnerungen an dieses besondere Spiel und Pelé.

Hannover 96: Öller (46. Pauly), Stiller (46. Blumenthal), Bandura, Anders, Hellingrath, Siemensmeyer, Blau (46. Beichle), Berg, Keller, Weller, Bertl
Schiedsrichter: Lee (Vancouver, Kanada)
Zuschauer: 22.000 im Empire Field Vancouver (Kanada)
Tore: 96: Keller; Santos: Edu, Pelé, Turcao

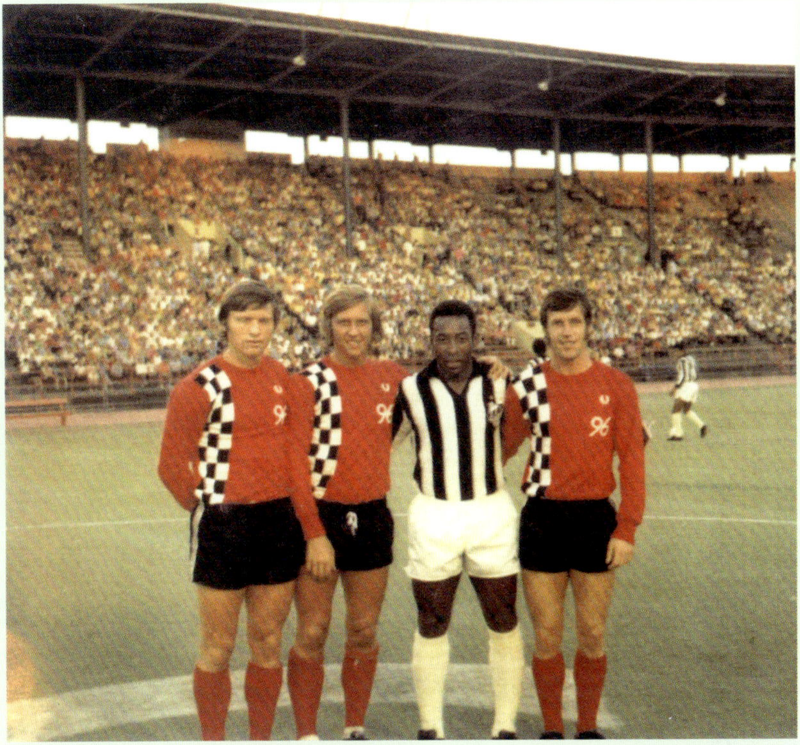

Aus der Idee, allein mit Pelé fotografiert zu werden, wird nichts. So stellten sich Hans-Josef Hellingrath, Hans-Joachim Weller, Pelé und Jürgen Bandura in Vancouver dem Fotografen. (privat/Keller)

Bundesliga

Zwei Torwartwechsel in einem Spiel

22. April 1972: Hannover 96 – Werder Bremen 5:1 (3:0)

In diesem Spiel fiel die 1:0-Führung bereits nach 40 Sekunden, als Ferdinand Keller per Kopf für Hannover 96 traf. 96-Kapitän Hans Siemensmeyer erzielte in der siebten Spielminute mit einem knallharten Schuss aus gut 20 Metern das 2:0 für 96. Danach spielte Werder Bremen deutlich stärker und kam zu zahlreichen Torchancen. Aber bereits vor dem Halbzeitpfiff sorgte Hans Siemensmeyer für die Spielentscheidung. Sein Schuss wurde vom späteren Bundesligamanager Rudi Assauer abgefälscht und sprang zum 3:0 (37.) ins Werder Tor.

Nach der Pause erzielt der Bremer Kamp den Anschlusstreffer. Als nach einer Stunde Werder-Keeper Bernhard und Georg Beichle bei einem Kopfballduell zusammenprallen und der Bremer Keeper mit einer Trage vom Platz gebracht werden musste, war das Spiel für 96 entschieden. Werders Ersatzkeeper Haak hatte nicht seinen besten Tag und Angriff auf Angriff rollte auf das Werder Tor. Nach einem Pass von Peter Rühmkorb erzielte Hans-Joachim „Hanjo" Weller das vielumjubelte 4:1. Nur 60 Sekunden später schlug Hans Siemensmeyer zum dritten Mal an diesem Tag zu und brachte Hannover 96 mit 5:1 in Front.

96-Keeper Franz-Josef Pauly verlässt in der 75. Minute den Platz für 96-Amateurtorwart Reinhard Dittel, den Trainer Hans Hipp damit seine erste Bewährungsprobe in der Bundesliga gibt. Sein Gegenüber Haak hat dann noch das Glück des Tüchtigen, als 96-Kapitän Hans Siemensmeyer den Ball aus gut 25 Meter direkt aus der Luft nimmt und aufs Werder-Tor hämmert, wo Verteidiger Schmidt ihn mit letztem Einsatz kurz vor der Torlinie gerade stoppen kann.

Hannover 96: Pauly (77. Dittel), Stiller, Anders, Hellingrath, Bandura, Rühmkorb, Weller, Siemensmeyer, Beichle, Keller (78. Bertl), Reimann
Schiedsrichter: Weyland (Oberhausen)
Zuschauer: 16.500 im Niedersachsenstadion Hannover
Tore: 1:0 Keller (1.), 2:0 Siemensmeyer (7.), 3:0 Assauer (37. Eigentor), 3:1 Kamp (52.), 4:1 Weller (74.), 5:1 Siemensmeyer (75.)

Das Wunder von Wuppertal

9. Juni 1973: Wuppertaler SV – Hannover 96 0:4 (0:2)

Ein Fußballwunder erlebte Hannover 96 unter Trainer Hannes Baldauf im Juni 1973, als Hannover 96 durch einen 4:0-Auswärtssieg beim Wuppertaler SV die Bundesliga mit einem Punkt Vorsprung vor Eintracht Braunschweig halten konnte.

Nachdem 96 das Niedersachsen-Derby beim Mitkonkurrenten um den Bundesligaabstieg Eintracht Braunschweig mit 2:3 verloren hatte, lag man am 32. Spieltag 3 Punkte zurück auf einem Abstiegsrang. Als Hans Siemensmeyer abends im ZDF-Sportstudio von Moderator Basche gefragt wurde: „Ist die Bundesliga jetzt für 96 gelaufen?", antwortete er trotzig: „Es ist erst gelaufen, wenn das letzte Spiel gespielt ist." Das nächste Spiel gewann 96 daheim mit 3:1 gegen Hertha BSC und Eintracht Braunschweig verlor mit 0:3 beim 1. FC Kaiserslautern. Also fiel die Entscheidung um den Abstieg am letzten Spieltag.

96 spielte auswärts beim Wuppertaler SV. Die Wuppertaler hatten noch Chancen auf die Vizemeisterschaft. Eintracht Braunschweig trat zu Hause gegen Fortuna Düsseldorf, für die es um nichts mehr ging, an. In der Saison 1972/1973 galt noch die Zwei-Punkte-Regel und es gab in der Bundesliga nur zwei Absteiger. Damit schien vor dem letzten Spieltag der Abstieg von Hannover 96 schon fast sicher zu sein. Rot-Weiß Oberhausen stand bereits als Absteiger fest. 96 ging als Vorletzter mit 24 Punkten in den letzten Spieltag, Braunschweig hatte 25 und Schalke 04 26 Punkte. Hannover 96 wurde bereits als sicherer Absteiger in den Medien gehandelt.

96 schaffte mit einer Energieleistung aber das „Wunder von Wuppertal" – ein 4:0-Sieg beim Wuppertaler SV – und belegte damit den sechzehnten Platz und schickte den niedersächsischen Nachbarn (1:2-Heimniederlage gegen Fortuna Düsseldorf) am letzten Spieltag der Saison in die 2. Bundesliga. Kaum jemand hatte der 96-Mannschaft einen Sieg beim heimstarken Wuppertaler SV zugetraut und kaum einer der treuen Fans wagte zu hoffen, dass Braunschweig sein Heimspiel gegen Fortuna Düsseldorf verlieren würde. Da neben den Stammkräften Franz-Josef Pauly, Charly Mrosko, Peter Rühmkorb auch kurzfristig Verteidiger Jürgen Bandura verletzt in Wuppertal ausfielen, schien der Abstieg besiegelt.

1.000 Fans begleiteten das 96-Team nach Wuppertal. Während des Spiels im Stadion am Zoo stand die Trainerbank von 96 im ständigen Kontakt mit dem Stadion in Braunschweig. Die 96-Reservisten und Trainer Hannes Baldauf auf der Auswechselbank hatten Radios am Ohr. Alle wollten wissen, ob die eigenen Anstrengungen reichen würden. Um 15:33 Uhr wurde das erste 96-Lebenszeichen nach Braunschweig vermeldet. 96-Verteidiger Rainer Stiller hatte nach 180 Sekunden die 1:0-Führung erzielt. Die Spannung stieg, als der Düsseldorfer Zewe um 15:48 Uhr die Fortuna in Braunschweig mit 1:0 in Führung brachte. Fünf Minuten später jedoch betrübte Gesichter auf der 96-Bank: Bründl hat in Braunschweig den Ausgleich zum 1:1 erzielt. Doch um 16:05 Uhr wieder Jubel bei den 96ern. Nach einem Foul an Stürmer Willi Reimann gab es am rechten Strafraumeck Freistoß für 96. Kapitän Hans Siemensmeyer nahm Maß und schoss den Ball direkt zum 2:0 ins Tor.

Dieser Vorsprung von Hannover 96 zur Pause schien gut 400 km entfernt die Eintracht Spieler zu lähmen. „Wir Spieler haben das Ergebnis von 96 von unserer Bank erfahren. Wir wussten immer, wie es dort stand. Wir hätten nur unser Heimspiel gegen Düsseldorf gewinnen müssen, um in der Bundesliga zu bleiben. Aber wir waren wie gelähmt und spielten schwach. Jeder auf dem Platz ahnte, dass es schiefgehen würde", sagt Braunschweig-Spieler Bernd Gersdorff im Rückblick. Mit einem 1:1 ging es in Braunschweig in die Pause, aber Eintracht musste gewinnen, denn 96 besaß das deutlich bessere Torverhältnis.

Das 96-Team mobilisierte nach der Pause alle Kräfte. Als Willi Reimann um 16:54 Uhr mit einem platzierten Schuss mit dem 3:0 die Weichen zum 96-Auswärtssieg stellte, war die Abstiegsgefahr fast gebannt, denn bereits um 16:41 Uhr hatte Budde für Fortuna Düsseldorf das 2:1 in Braunschweig erzielt. 96 besiegelte durch ein Tor von Willi Reimann um 17:09 Uhr schließlich mit 4:0 den zweiten Auswärtssieg der Saison und war durch die gleichzeitige 1:2-Heimniederlage von Eintracht Braunschweig zum dritten Mal in letzter Sekunde dem Abstieg entronnen. Schalke 04 gewann sein Heimspiel 2:0 gegen den Hamburger SV und blieb genau wie Hannover 96 in der Bundesliga.

Freudetrunken lagen sich Trainer und Mannschaft nach dem Schlusspfiff von Schiedsrichter Quindeau vor 25.000 Zuschauen in Wuppertal in den Armen. 96-Präsident Ferdinand Bock jubelte: „Jetzt können wir mit den ausgefertigten Regionalliga-Verträgen ein Freudenfeuer anzünden." Trainer Baldauf war an diesem 96-Tag – dem 9.6. – der glücklichste Mann auf der Welt. „Das war mein größter Sieg als Trainer. Ich war bereit mir eine Glatze schneiden zu lassen, aber meine Spieler wollten es nicht", stellte er weit nach dem Abpfiff glücklich fest. „Wir Spieler haben uns der Tränen nicht geschämt", beschrieb Kapitän Hans Siemensmeyer später das „Wunder von Wuppertal". Bernd Gersdorff schilderte später: „In Braunschweig war es während der zweiten Halbzeit im Stadion totenstill. Wir konnten uns nicht mehr aufbäumen, wir haben es ganz allein vergeigt."

Hannover 96: Dittel, Stiller, Hellingrath, Blumenthal, Anders, Kaemmer, Denz, Siemensmeyer, Deterding, Reimann, Stegmayer
Schiedsrichter: Quindeau (Ludwigshafen)
Zuschauer: 25.000 im Stadion Am Zoo Wuppertal
Tore: 0:1 Stiller (2.), 0:2 Siemensmeyer (35.), 0:3 Reimann (72.), 0:4 Reimann (89.)

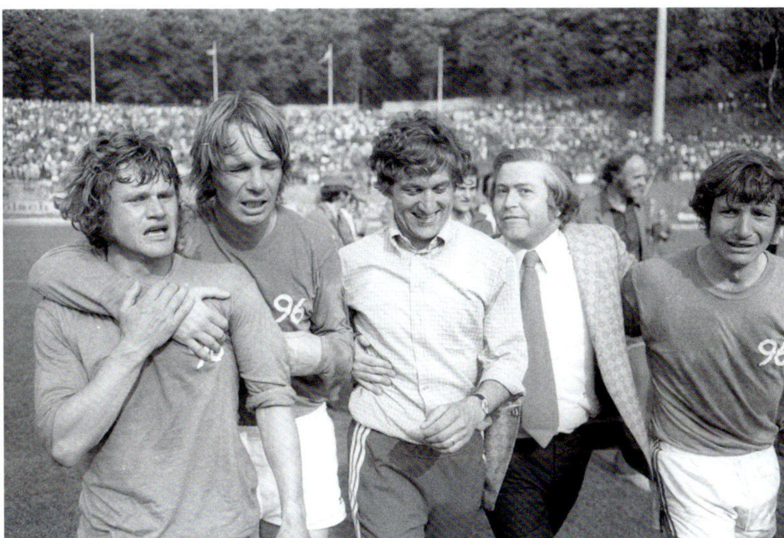

Tränen der Freude nach dem „Wunder von Wuppertal": Rainer Stiller, Peter Anders, Trainer Hannes Baldauf, Geschäftsführer Kleemann, Eckhard Deterding (imago/Werek)

Erster Bundesliga-Hattrick für 96

22. September 1973: Hannover 96 – Bayern München 3:1 (3:0)

Mit dem Heimspiel gegen Bayern München weihte Hannover 96 die neue Westtribüne im Niedersachsenstadion, das zur WM 1974 umgebaut wurde, ein. Willi Reimann schaffte in diesem Spiel den ersten Hattrick eines 96-Spielers in der Bundesliga.

Als nach neun Minuten „Kaiser" Franz Beckenbauer bei den Bayern wegen einer Zerrung das Spielfeld verletzt verlassen musste, geriet Hannover 96 schnell auf die Siegesstraße. Zwei Minuten später verwandelte Willi Reimann einen Elfmeter gegen Sepp Maier zum 1:0. Da jubelte das Publikum im ausverkauften Niedersachsenstadion. Und Willi Reimann nutzte die Chance, sich mit Gerd Müller zu messen, sehr eindrucksvoll: Mit seinen Treffern zwei (per Kopfball) und drei (Flachschuss) sorgte er für einen Hattrick in der 1. Halbzeit und stellte den „Bomber der Nation" eindrucksvoll in den Schatten.

„Es war für mich als junger Spieler natürlich ein grandioses Erlebnis, gegen Nationalkeeper Maier und ‚Katsche' Schwarzenbeck als direkten Gegenspieler einen Hattrick zu erzielen. Das passiert einem Stürmer gegen Bayern München nicht oft – zumal diese beiden Spieler am Ende der Saison ja mit Deutschland Fußball-Weltmeister wurden. Es passte an diesem Tag einfach alles zusammen. Die Sonne strahlte auf die neue Tribüne, volles Stadion, tolle Stimmung und dazu mein Hattrick", erinnert sich Willi Reimann noch heute gern an dieses Spiel. Das 3:1 durch Roth hatte keinen Einfluss mehr auf den tollen Sieg von Hannover 96.

Nach diesem Sieg über Bayern München waren sich die Fans in Hannover einig: Die 96er schaffen den Klassenerhalt. Doch am Saisonende stieg 96 ab und Willi Reimann wechselt zum HSV, wo er den Europapokal der Pokalsieger 1977 und deutsche Titel holte, bevor er Trainer wurde.

Hannover 96: Dittel, Stiller, Anders, Kaemmer, Bandura, Peitsch, Denz, Siemensmeyer, Kasperski (81. Blumenthal), Reimann (85. Wehmeyer), Stegmayer
Schiedsrichter: Hillebrand (Essen)
Zuschauer: 60.000 im Niedersachsenstadion Hannover
Tore: 1:0 Reimann (11. Foulelfmeter), 2:0 Reimann (31.), 3:0 Reimann (42.), 3:1 Roth (65.)

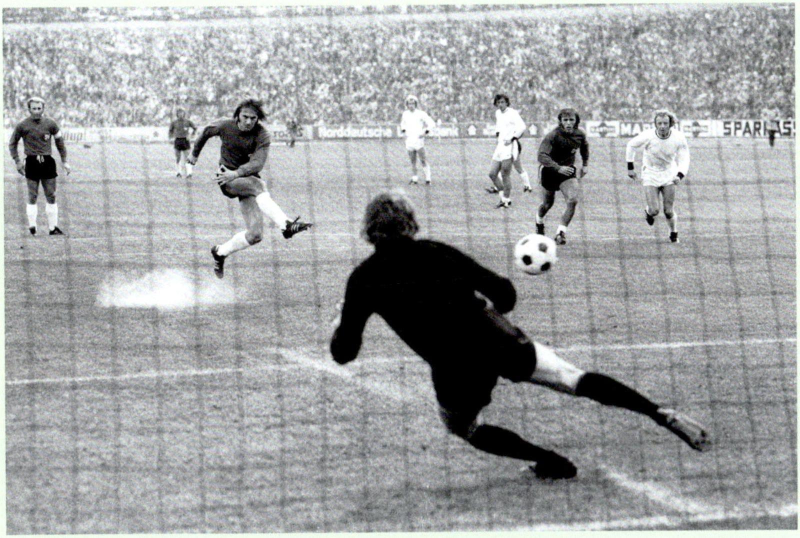

Der Auftakt zum Hattrick: Willi Reimann versenkt trocken den Elfmeter zum 1:0 gegen Nationaltorwart Sepp Maier. (imago/Werek)

Amtsarzt untersagt das Spiel

1. August 1974: Hannover 96 – Alemannia Aachen ausgefallen

Hannover 96 sollte seine erste Zweitligasaison mit einem Heimspiel gegen Aachen beginnen. Aber am Spieltag legte der Amtsarzt der Stadt Hannover sein Veto gegen die Austragung ein. Elf Spieler waren wegen einer Magen- und Darminfektion „Leistungssport untauglich".

Kurz vor dem Saisonauftakt meldete sich der bei den 96-Profis mittrainierende Amateur Michael Krüger (der spätere 96-Trainer) mit einer Magen- und Darminfektion ab. „An diese Tage erinnere ich mich ganz genau, weil ich vermutlich der Auslöser der Darmgrippe im Team war. Wahrscheinlich ist sie im Entmüdungsbecken im Stadion von mir auf die anderen Spieler übergesprungen", erinnert sich Michael Krüger. 96 sagte die gemeinsame Nacht vor dem Spiel im Mannschaftshotel wegen der Ansteckungsgefahr ab. Aber es war bereits zu spät: Insgesamt 11 der 19 zum Kader gehörenden Spieler waren vor dem Spiel erkrankt und 96 bekam kein spielfähiges Team zusammen. Der von Hannover 96 eingeschaltete Amtsarzt Medizinalrat Dr. Bonk untersuchte die 96-Spieler. Die letzten Untersuchungen wurden erst um 11:30 Uhr am Spieltag abgeschlossen. „Ich konnte die Spieler nicht sporttauglich schreiben. Einige wären zusammengebrochen oder hätten ständig das stille Örtchen aufsuchen müssen", so Bonk.

96 informierte den DFB-Spielausschuss telefonisch und sagt das Saisoneröffnungsspiel gegen Aachen ab. Die ärztlichen Atteste konnten aber in schriftlicher Form nicht rechtzeitig beim Schiedsrichter bzw. dem DFB eingereicht werden. 96-Präsident Ferdinand Bock erklärte damals: „Hannover 96 hat über Radiodurchsagen die Fans über den krankheitsbedingten Spielausfall informiert". Schiedsrichter Picker aus Schenefeld sagte später, dass er sich „an die Absage in Hannover erinnern kann. Aber das ich vom Spielausfall erst im Stadion erfahren haben soll, stimmt nicht." Er beendete auch die Aachener Idee, den Anstoß durchzuführen und mit einem ohne Gegenwehr erzielten Tor einen kampflosen Sieg zu erringen.

Aachen beantragte beim DFB die Wertung des Spiels für sich. Da der DFB-Spielausschuss von 96 über die Krankheit telefonisch informiert worden war, wurde für den 30.10.1974 ein Nachholspiel angesetzt, das 96 mit 3:0 (1:0) durch Tore von Peter Dahl nach 40 Sekunden sowie durch Bernd Wehmeyer (68.) und den dänischen Goalgetter Peter Dahl (75.) gewann.

Bier und Malteser – Ahlenfelder-Gedeck

8. November 1975: Werder Bremen – Hannover 96 0:0

Kaum ein Fan oder einer der beteiligten Spieler kann sich heute noch an das Resultat des Spiels im November 1975 zwischen Werder Bremen und Hannover 96 erinnern – aber es ist in die Bundesliga-Geschichte eingegangen.

Während des Spiels gegen 16 Uhr trauten Spieler und Zuschauer im Bremer Weserstadion ihren Ohren nicht: Schiedsrichter Ahlenfelder pfiff nach 32 gespielten Minuten bereits zur Halbzeitpause. Vor seinem dritten Bundesligaeinsatz hatte der Schiedsrichter mit Werders Schiedsrichterbetreuer gemeinsam Gans gegessen. Das „fette Ding" wie Ahlenfelder später sagte, wurde mit ein wenig Alkohol bekämpft: „Ein Bier und ein Malteser zum Mittagessen, das wird doch wohl erlaubt sein", konterte Ahlenfelder spätere Kritik, „wir sind Männer und trinken keine Limo."

Offenbar wirkte sich der Alkohol aber auf das Urteilsvermögen des Referees aus. Später beschrieb der einstige FIFA-Schiedsrichter die legendäre Fußball-Anekdote so: „Werder Bremen gegen Hannover 96 habe ich nach 30 Minuten zur Halbzeit abgepfiffen. Nicht fragen, weshalb, wieso, warum. Da hatten wir wohl einen zu viel getrunken, ich weiß es auch nicht."

Sein Eingeständnis, dass er die Gans zum Mittagessen mit ein paar Gläsern Bier und einigen Malteser-Schnäpsen „begossen" habe, nutzen geschäftstüchtige Bremer Gastronomen noch heute. Bestellt man in Bremen einen „Ahlenfelder", erhält man ein Malteser-Bier-Gedeck serviert.

„An dieses in die Bundesligageschichte eingegangene Spiel kann ich mich sehr gut erinnern. Ich konnte wegen einer Schleimbeutel-Entzündung nicht spielen. Aber auch auf der Bank waren wir alle perplex", beschreibt 96-Keeper Franz-Josef Pauly seine Erinnerungen. „Schiri Ahlenfelder war ein Super Typ. Die erste Halbzeit bleibt allen wegen der Kürze sicher unvergessen – nur an das Endergebnis dieses Spiels kann ich mich nicht mehr erinnern". Es endete übrigens 0:0.

Hannover 96: Dittel, Meyer, Damjanoff, Anders, Stiller, Wesche, Hayduk, Holz, Lüttges, Weber, Stegmayer
Schiedsrichter: Ahlenfelder (Oberhausen)
Zuschauer: 22.000 im Bremer Weserstadion
Tore: Fehlanzeige

Jüngster 96-Torschütze in der Bundesliga

17. April 1976: Hannover 96 – Eintracht Braunschweig 2:0 (0:0)

96 steckte im Abstiegskampf der Bundesliga und das 141. Niedersachsenderby gegen den UEFA-Cup Anwärter Eintracht Braunschweig stand im April 1976 auf dem Bundesliga-Spielplan. Bei diesem Spiel erwies sich 96-Trainer Hannes Baldauf als Taktikfuchs mit zwei Umstellungen: Rainer Stiller sollte als Außenverteidiger Stürmer Frank ausschalten und der angestammte Außenverteidiger Herbert Meyer spielte dafür im defensiven Mittelfeld gegen Eintracht-Regisseur Handschuh.

96 startete schwungvoll ins Spiel. Bereits vor der Halbzeitpause hatten Klaus Wunder, Wolfgang Lüttges, Rolf Kaemmer und Jürgen Milewski gute Möglichkeiten, um die 96-Führung zu erzielen. Als Stürmer Klaus Wunder mit einer klaffenden Platzwunde an der Stirn ausgewechselt wurde, fürchteten die Zuschauer um 96. Aber der ehemalige Braunschweiger Peter Hayduk als sein Ersatzmann sorgte mit dafür, dass 96 die spielbestimmende Mannschaft auf dem Platz blieb. Braunschweigs Grzyb musste nach einem Kopfball von 96-Amateur Jürgen Milewski den Ball für seinen geschlagenen Keeper Franke auf der Linie abwehren. In der 2. Halbzeit foulte Dremmler den in den Strafraum stürmenden Herbert Meyer und 96 erhielt einen Elfmeter. Diese Chance ließ sich Rainer Stiller nicht nehmen und sein Elfmeter schlug zum 1:0 im Tor von Nationalkeeper Franke ein. Danach ließ die Gegenwehr der Gäste nach und Hannover 96 kam zu zahlreichen Torchancen. In der 63. Minute sorgte Jürgen Milewski nach einer Flanke von Herbert Meyer per Flugkopfball für den 2:0-Endstand. Damit wurde er in seinem 2. Bundesligaspiel im Alter von 18 Jahren, 5 Monaten und 29 Tage zum jüngsten Bundesliga-Torschützen in der Geschichte von Hannover 96.

96 hoffte nach diesem Sieg wieder auf den Klassenerhalt, aber als man zwei Wochen später gegen Werder Bremen nur ein torloses Unentschieden erreichte, war der erneute Abstieg aus der Bundesliga besiegelt.

Hannover 96: Pauly, Stiller, Damjanoff, Anders (73. Weber), Blumenthal, Meyer, Kaemmer, Lüttges, Milewski, Wunder (28. Hayduk), Kulik
Schiedsrichter: Eschweiler (Bonn)
Zuschauer: 36.000 im Niedersachsenstadion Hannover
Tore: 1:0 Stiller (50./Elfmeter), 2:0 Milewski (62.)

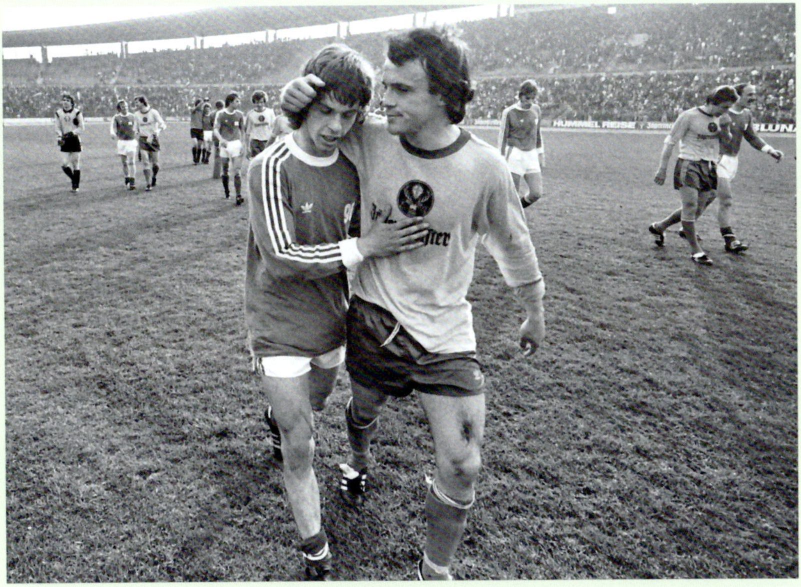

Von Mittelstürmer zu Mittelstürmer: Braunschweigs Wolfgang Frank beglückwünscht nach dem Spiel Jürgen Milewski zu seinem Tor. (imago/Rust)

2. Bundesliga Nord

Rekordbesuch beim Stadtderby

16. Oktober 1976: Hannover 96 – Arminia Hannover 1:0 (1:0)

Im Ligabetrieb seit 1903 war Arminia Hannover der Gegner, gegen den Hannover 96 die meisten Stadtderbys gespielt hat.

Im Oktober 1976 stieg das erste Stadtderby in der 2. Bundesliga Nord. Hannover 96 hatte gegen den Aufsteiger Arminia Hannover vor 56.046 Fans im ersten Lokalderby seit 1964 Heimrecht. Arminia Hannover hatte einen Liga-Traumstart hingelegt und trat gegen 96 als Tabellenführer an. Dieses Derby bot alles, was sich die Zuschauer davon erhofften: Tempo, Kampf und packende Torraumszenen, auch wenn das Spiel zunächst zerfahren und ruppig startete – ging es doch um die Vormachtstellung im hannoverschen Fußball und um die Zuschauergunst.

96 gewann am Ende nicht nur das Spiel, sondern präsentierte sich den zahlenden Zuschauern und den Tausenden, die ohne Eintrittskarte Einlass in das Niedersachsenstadion gefunden hatten, als spielerisch stärkere Mannschaft. Hannover 96 dominierte das Spiel und sorgte für eine schnelle Führung. Schon nach 8 Minuten fiel das Tor des Tages: Nach einer verunglückten Abwehr von Arminias Hoffmann schaltete 96-Stürmer Jürgen Milewski am schnellsten, gewann das Sprintduell gegen die Arminen-Abwehr und schoss aus knapp 10 Metern platziert ins lange Toreck zur 96-Führung. Nur 120 Sekunden später verfehlte er mit einem Volleyschuss das 2:0. Danach wurde es auf dem Rasen hitzig: Arminias Vogeler foult Klaus Wunder, der daraufhin in der 21. Minute verletzt den Platz verlassen musste – doch Schiedsrichter Heitmann beließ es bei Ermahnungen, ehe dann in der 23. Minute Roland Stegmayer von Hoffmann zu Fall gebracht wurde und dabei auch noch getreten wurde. Roland Stegmayer wehrte sich gegen seinen Gegenspieler und sah dafür die Rote Karte. Aber auch in Unterzahl blieb Hannover 96 dominant und siegte verdient.

Hannover 96: Pauly, Bengsch, Wesche, Anders, Blumenthal, Stiller, Wunder (21. Kulik), Pagelsdorf, Wehmeyer, Milewski, Stegmayer
Schiedsrichter: Heitmann (Drentwede)
Zuschauer: 56.046 im Niedersachsenstadion Hannover
Tor: 1:0 Milewski (8.)
Besondere Vorkommnisse: Rote Karte Stegmayer (96)

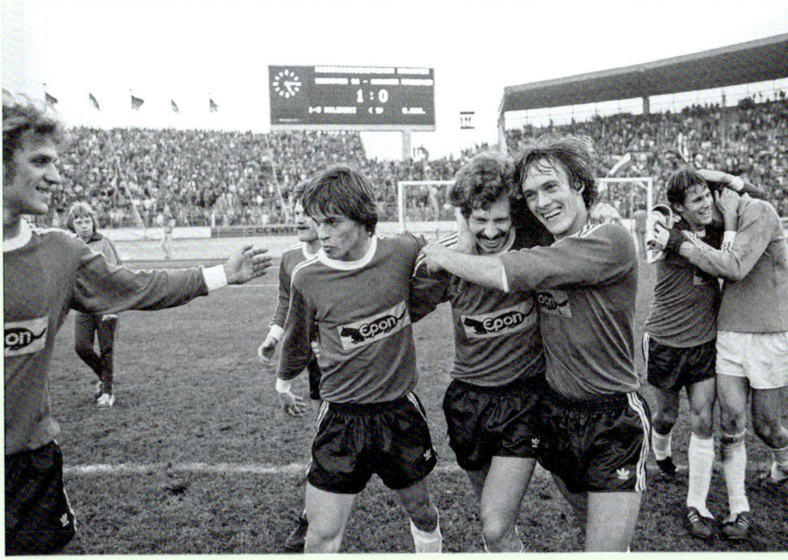

Freude nach dem Derbysieg: Im Mittelpunkt der Matchwinner Jürgen Milewski.
(imago/Rust)

Das zweite Stadtderby im Profifußball

3. August 1979: Hannover 96 – OSV Hannover 0:1 (0:0)

Im Volksmund wird der OSV Hannover als der kleine „Ortsverein" bezeichnet. 1971 gelang dem OSV der Aufstieg in die Regionalliga und mit dem ehemaligen Hannover 96-Spieler und -Trainer Karl-Heinz Mülhausen stieg der Underdog aus der Oststadt zur Saison 1979/80 sogar in die 2. Bundesliga Nord auf. Hannover 96 hatte bereits 1978 vom Stadtrivalen den Goalgetter Dieter Schatzschneider geholt. Mit Dittel, Herbeck, Poesger und Krumbein bildeten sogar vier ehemalige 96-Spieler das Mannschaftsgerüst beim Oststädter Sportverein (OSV) Hannover.

Bereits zu Saisonbeginn kam es zum zweiten Hannoverschen Stadtderby im Profi Fußball. Und im ersten Heimspiel der Saison erhielt Hannover 96 einen ersten Dämpfer. Der 1:0-Sieg des Liganeulings war verdient – der OSV Hannover legte Wert auf eine stabile Defensive und die wenigen, gut durchdachten Angriffe sorgten für viel Gefahr vor dem 96-Tor. Hannover 96 kam mit der Favoritenbürde nicht klar und 96-Stürmer Dieter Schatzschneider konnte sich gegen seine ehemaligen Teamkollegen Bartels und Knopf nicht entscheidend für Hannover 96 in Szene setzen. Das Tor des Tages erzielte der ehemalige 96er Herbeck mit einem sehr platzierten Schuss aus gut 30 Metern. Obwohl sich nach diesem überraschenden Rückstand Hannover 96 noch gute Tormöglichkeiten erspielte, reichte es nicht mehr zum Ausgleich.

Im Rückspiel hatte Hannover 96 keine Mühe mit dem OSV und siegte klar mit 3:0. Hannover 96 erreichte am Ende dieser Saison den 3. Tabellenrang – der OSV belegte am Saisonende den 12. Tabellenplatz. Aber bereits eine Saison später verließ der OSV Hannover als Tabellenletzter die 2. Bundesliga und kehrte nie wieder zurück.

Hannover 96: Rynio, Winskowsky (73. Damjanoff), Anders, Scholz, Kinkeldey, Kulik, Mertes, Mrosko, Sagna, Hayduk (60. Rieländer), Schatzschneider
Schiedsrichter: Mölm (Bremerhaven)
Zuschauer: 15.300 im Niedersachsenstadion Hannover
Tor: 0:1 Herbeck (64.)

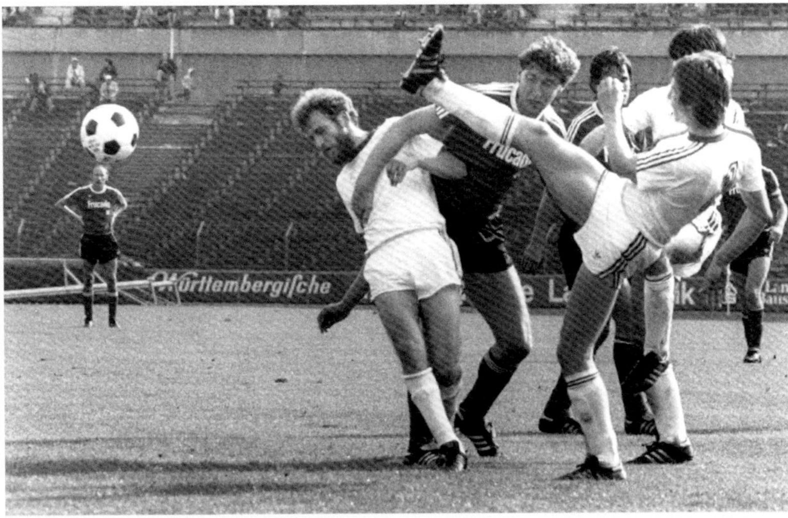

Auch Torjäger Dieter Schatzschneider konnte gegen seine ehemaligen Kameraden die Derby-Pleite nicht verhindern. (imago/Rust)

Indirekter Elfmeter im DFB-Pokal

27. Oktober 1981: Hannover 96 – Wattenscheid 09 6:0 (2:0)

Im Spiel der 2. Runde des DFB-Pokals 1981/82 erreichte Hannover 96 bei Wattenscheid 09 ein 2:2 nach Verlängerung und da es noch kein Elfmeterschießen zur Entscheidung gab, kam es im Ende Oktober 1981 zu einem Wiederholungsspiel. Dieses Spiel ist den knapp 7.000 anwesenden Zuschauern durch das wohl ungewöhnlichste Elfmetertor von Hannover 96 aller Zeiten in Erinnerung geblieben – auch wenn dieser Treffer keine Anerkennung fand.

Die Gäste traten nach dem dramatischen 1. Spiel in Hannover sehr defensiv an. Erst als Dieter Schatzschneider den gegnerischen Torwart angeschossen hatte und Norbert Bebensee den Abpraller zur 1:0-Führung verwandelt hatte, wurde Hannover 96 deutlich besser und bestimmte das Spiel. Junioren-Nationalspieler Bernd Dierßen sorgte für die beruhigende 2:0-Pausenführung. Vier Minuten nach dem Wiederanpfiff erzielte Bernd Gorski das 3:0, bevor Horst Neumann in der 54. Minute auf 4:0 für 96 erhöhte.

Dann kam der Moment des Spiels: Ein Elfmeter für Hannover 96, ausgeführt von zwei Spielern. Gerhard Kleppinger legte sich den Ball auf den Elfmeterpunkt, nach dem Pfiff durch Schiedsrichter Osmers tickte er den Ball kurz an und von hinten stürmte Dieter Schatzschneider heran und verwandelte den indirekten Elfmeter unhaltbar zum 5:0. Sehr zum Ärger der 96-Spieler wurde das Elfmetertor abgepfiffen, weil Neumann zu früh in den Wattenscheider Strafraum gelaufen sein soll. Die Wiederholung des Elfmeters verwandelte Gerhard Kleppinger dann humorlos direkt.

„Wenn unser Elfertrick schief gegangen wäre, hätte uns Coach Diethelm Ferner sicher in der Luft zerrissen", stellte Dieter Schatzschneider später fest. Bernd Gorski sorgte in der 66. Minute für das 6:0 und für den ungefährdeten Einzug in die 3. Runde des DFB-Pokals.

Hannover 96: Rynio, Winskowski, Scholz, Goll, Kleppinger, Gorski, Dierßen (65. Aussem), Bebensee, Surmann, Schatzschneider (67. Hartmann), Neumann
Schiedsrichter: Osmers (Bremen)
Zuschauer: 6.880 im Niedersachsenstadion Hannover
Tore: 1:0 Bebensee (39.), 2:0 Dierßen (44.), 3:0 Gorski (49.), 4:0 Neumann (54.), 5:0 Kleppinger (62./Foulelfmeter), 6:0 Gorski (67.)

Dank Eigentor zurück in die Erste Liga

9. Juni 1985: Hannover 96 – Hertha BSC 2:0 (1:0)

Die Aufstiegsfrage in der 2. Bundesliga in der Saison 1984/1985 war bis zum letzten Spieltag spannend. Hessen Kassel, 1. FC Saarbrücken, 1. FC Nürnberg und Hannover 96 kämpften verbissen um den direkten Aufstieg bzw. den Relegationsplatz – es war der bis dahin dramatischte Saisonverlauf in der Geschichte der 2. Bundesliga.

96 reiste am vorletzten Spieltag zum Tabellenführer Hessen Kassel. Dort lag Hannover 96 bereits nach 27 Minuten mit 0:2 zurück und die Aufstiegschance schien verpasst. Doch Hannover 96 kämpfte. Fred Schaub, dessen Sohn Louis zur Saison 2022/23 als Spieler zu 96 wechselte, sorgte in der 31. Minute für das 1:2-Anschlusstor. Frank Hartmann wurde in der Nachspielzeit der 1. Halbzeit an der Strafraumgrenze gefoult und Martin Giesel nutzte den Freistoß zum 2:2-Ausgleich. Danach wogte das Spiel hin und her und beide Teams hatten zahlreiche Torchancen – es blieb aber beim 2:2. Nur ein Heimsieg im letzten Spiel würde den Bundesligaaufstieg für 96 bedeuten.

Am 9.6.1985 wurden 60.000 Zuschauer beim Spiel gegen Hertha BSC im ausverkauften Niedersachsenstadion Zeugen des zweiten Bundesligaaufstiegs von Hannover 96. Ein Eigentor des Berliner Timme brachte die 96er kurz vor dem Halbzeitpfiff in Führung. Den Aufstieg endgültig perfekt machte Frank Hartmann in der 88. Minute durch seinen Treffer zum 2:0-Endstand. Um 16:46 Uhr gehörte Hannover 96 nach neun Jahren Abwesenheit wieder der 1. Bundesliga an. Der Aufstieg von 96 kam unerwartet, da Trainer Werner Biskup mit einem nur 14 Spieler umfassenden Kader in die Saison gestartet war. Durch eine 0:2-Niederlage beim 1. FC Nürnberg wurde Hessen Kassel am Ende nur Vierter. Der 1. FC Nürnberg schaffte den Aufstieg als Tabellenerster. Saarbrücken setzte sich in der Relegation gegen Arminia Bielefeld, den Tabellen-16. der Bundesliga, durch und stieg ebenfalls auf.

Hannover 96: Raps, Surmann, Thiele, Vjetrovic, Hellberg, Ronge (74. Heidenreich), Giesel, Gerber, Gue, Hartmann, Kuhlmey
Schiedsrichter: Schütte (Gelsenkirchen)
Zuschauer: 60.000 im Niedersachsenstadion Hannover
Tore: 1:0 Timme (41./Eigentor), 2:0 Hartmann (88.)

Erstes ausländisches Brüderduell

26. Oktober 1985: Hannover 96 – Fortuna Düsseldorf 1:0 (0:0)

Es dauerte bis zum Oktober 1985, bis im Bundesligaspiel zwischen Hannover 96 und Fortuna Düsseldorf erstmals ein ausländisches Bruderduell stattfand; Wayne (96) gegen Dean Thomas (Düsseldorf).

„Ich war zur Saison von Bayer 05 Uerdingen zu Hannover 96 gewechselt. Es gab damals nur wenige Ausländer in der Bundesliga. Bei 96 waren neben mir noch der Pole Roman Geschlecht und der Jugoslawe Miroslav Vjetrovic unter Vertrag. Ein ausländisches Brüderduell würde heute sicher in den Medien deutlich mehr Schlagzeilen bekommen als damals", beschreibt Wayne Thomas das Duell.

Die Thomas-Brüder gingen sehr motiviert ins Spiel. „Nachdem mich Dean gleich zu Beginn des Spiels an der Außenlinie unsanft abgeräumt hatte, riet ich ihm, vorsichtiger zu spielen. Torszenen blieben in der 1. Halbzeit Mangelware. Einzig die Verwarnung von Dean nach einem Allerweltsfoul sorgt für etwas Aufregung", beschreibt Wayne heute noch lebhaft den Start des Bruderduells. Nach der Pause wurden die Angriffsbemühungen von 96 belohnt. Martin Giesel flankte den Ball zu Kapitän Bastian Hellberg, der den Ball unhaltbar für Fortuna-Keeper Schmadtke zum Tor des Tages einschoss. Das Bruderduell sollte in der 72. Minute einen traurigen Höhepunkt erreichen. Fortune Dean holte Karsten Surmann im Mittelfeld von den Beinen. 96s Wayne rannte sofort nach dem Foul mit erhobenen Händen auf Schiedsrichter Brückner zu und wollte seinen vier Jahren jüngeren Bruder vor dem Platzverweis bewahren. Aber der Referee stellte Dean Thomas vom Platz. „Ich war über den Platzverweis für meinen Bruder traurig", beschreibt Wayne Thomas den Moment, der das erste ausländische Bruderduell der Bundesliga vorzeitig beendete. Kurios, dass Wayne danach auch noch die gelbe Karte sah und Hannover 96-Trainer Werner Biskup auf die Tribüne verwiesen wurde.

Hannover 96: Raps, Hellberg, Kuhlmey, Vjetrovic, Fleer, Giesel, Heidenreich (46. Gue), Surmann, W. Thomas, Reich, Schaub
Schiedsrichter: Brückner (Darmstadt)
Zuschauer: 23.000 im Niedersachsenstadion Hannover
Tor: 1:0 Hellberg (63.)

Höchster Heimsieg in der 2. Liga

22. November 1986: Hannover 96 – Karlsruher SC 8:0 (2:0)

96 brach im November 1986 beim Spiel gegen den Karlsruher SC einige Rekorde. Ein 8:0-Heimsieg hatte es in der 2. Bundesliga für Hannover 96 zuvor noch nie gegeben und mit 30:4 Punkten war man bereits 2 Spieltage vor Ende der Hinserie Herbstmeister.

Zu Beginn des Spiels deutete nichts auf den nahenden Torrekord hin. Hannover 96-Keeper Hans Wulf musste seine Mannschaft mehrfach vor dem Rückstand bewahren. Dann bekam Hannover 96 das Spiel aber in den Griff und dominierte es von Minute zu Minute deutlicher. Bastian Hellberg machte wohl das Spiel seines Lebens. Drei Tore erzielte er selbst, einen Elfmeter zum 2:0 holte er raus und gab auch noch drei Torvorlagen. „Als Libero ist das nicht das Tagesgeschäft", sagte Bastian Hellberg später. Wann immer es möglich war, schaltete er sich ins Offensivspiel ein. 96 spielte die Gäste in der 2. Halbzeit förmlich an die Wand. Nach dem 4:0 von Bastian Hellberg jubelten die Zuschauer bereits „Zugabe, Zugabe" und nach seinem 5:0 hallte „Und wir steigen wieder auf" durch das Niedersachsenstadion. Ein lupenreiner Hattrick von Gregor Grillemeier in nur 18 Minuten sorgte dann für den deutlichen 8:0-Heimsieg. Es ist bis heute der höchste Zweitligasieg von Hannover 96.

Hannover 96 wurde souverän Meister. „Gefühlt waren wir drei Monate vor dem letzten Spieltag aufgestiegen", stellt Hellberg noch heute zufrieden fest. Und der Karlsruher SC stand nach 38 Spieltagen vier Punkten hinter Hannover 96 auf dem zweiten Platz und stieg ebenfalls noch auf.

Der höchste Heimsieg zuvor von Hannover 96 im bezahlten Fußball datierte auf den 17.11.1974 – ein 7:0 gegen Wacker 04 Berlin.

Hannover 96: Wulf, Hellberg, Knüwe, Belarbi, Surmann, Giesel (55. Hartmann), Thomas, Heidenreich (73. Möller), Dammeier, Grillemeier, Reich
Schiedsrichter: Gabor (Berlin)
Zuschauer: 16.000 im Niedersachsenstadion Hannover
Tore: 1:0 Hellberg (37.), 2:0 Reich (45./Elfmeter), 3:0 Surmann (52.), 4:0 Hellberg (54.), 5:0 Hellberg (60.), 6:0 Grillemeier (73.), 7:0 Grillemeier (75.), 8:0 Grillemeier (90.)

96-Torwart trifft beim Torrekord

14. Juni 1987: FSV Salmrohr – Hannover 96 5:5 (0:3)

Ganz Deutschland erinnert sich noch an das Tor von Jens Lehmann, der für Schalke 04 beim Revierderby in Dortmund in der Nachspielzeit zum 2:2-Endstand einköpfte. Danach wurde berichtet, dass dies der erste Treffer sei, den ein Profitorwart aus dem Spiel heraus erzielt habe. Aber das ist falsch – dieser Rekord gehört eindeutig Hannover 96-Torwart Hans Wulf. Am letzten Spieltag der Saison 1987/1988 beim Zweitliga-Spiel FSV Salmrohr gegen Hannover 96, das 5:5 endete, kam 96 durch einen Kopfball von Hans Wulf zur 5:3-Führung.

Nachdem 96 den Bundesliga-Aufstieg bereits eine Woche zuvor perfekt gemacht hatte, fielen beim Spiel in Salmrohr bei 96 zahlreiche Spieler aus. Nur 12 einsatzfähige Spieler waren gegen den Absteiger dabei. 96 startete das Spiel verhalten, führte aber schon 4:0, ehe die Gäste auf 3:4 verkürzen konnten. Dann wechselte Trainer Jürgen Wähling den einzigen Ersatzspieler ein – es war Stammtorhüter Hans Wulf, der im Spiel durch Ralf Raps im Tor vertreten wurde. „Auf dem Feld verletzte sich Karsten Surmann. Trainer Wähling hatte mit mir vorher über einen Einsatz im Feld gesprochen. Ich sagte ihm, dass ich als Jugendlicher über 60 Tore erzielt hatte. Wir haben auch im Training solche Sachen schon mal geübt", sagte er später zu seinem Tor.

„Das besondere an meinem Treffer für 96 war sicher, dass ich ihn gegen den DFB- Nationaltorwart Wolfgang Kleff erzielt habe. Es hatte mich schon stolz gemacht, ein Tor zu erzielen", sagt Hans Wulf in der Rückschau auf den ersten Treffer eines Torwarts.

Nach Hans Wulf Kopfball zum 5:3 wollte sich der FSV Salmrohr vernünftig aus dem bezahlten Fußball verabschieden und schaffte noch den Ausgleich zum 5:5. Damit sorgten beide Teams zum Saisonabschluss noch für einen Torrekord, denn ein 5:5 hatte es bis dahin noch in keinem Zweitligaspiel gegeben.

Hannover 96: Raps, Hellberg, Möller, Knüwe, Hobday, Dammeier, Giesel, Surmann (64. Wulf), Hartmann, Gue, Heidenreich
Schiedsrichter: Jupe (Mühltal)
Zuschauer: 2.500 im Salmtal-Stadion, Salmrohr
Tore: 0:1 Gue (24.), 0:2 Hartmann (38.), 0:3 Dammeier (42.), 0:4 Giesel (51.), 1:4 August (52.), 2:4 Ali-Doosti (55.), 3:4 Rolshausen (65.), 3:5 Wulf (83.), 4:5 Plath (87.), 5:5 Herres (90.)

Grillemeier zieht den Bayern die Lederhosen aus

16. April 1988: Hannover 96 – Bayern München 2:1 (0:1)

Mehr als 60.000 Zuschauer füllten im April 1988 das Niedersachsenstadion, als der Bayern München zu Gast in Hannover war. Und den Zuschauern im Niedersachsenstadion wurde ein unvergessliches Spiel serviert. Der spätere Vizemeister ging nach sechs Minuten durch ein Tor von Pflügler in Führung. Danach beherrschte Bayern München eine Stunde den Gegner nach Belieben. Nach dem schnellen Rückstand wurde Hannover 96 immer nervöser und die Spieler verzweifelten an der Übermacht des Gegners. Aber zum Glück für 96 vergaben die Bayern klarste Torchancen. Als sich dann Siggi Reich im Bayern-Strafraum um seinen Gegenspieler Augenthaler drehte und den Ball zu Peter Hobday am hinteren Torpfosten flankte, sorgte der Engländer im 96-Dress mit einem wuchtigen Kopfball für den Ausgleich (58.). Eine Viertelstunde später kam der Moment von Gregor „Grille" Grillemeier, der in der 76. Minute mit einem Gewaltschuss aus 22 Metern Torentfernung links oben in das von Jean-Marie Pfaff gehütete Bayern Tor einschoss, nachdem er mit dem Ball am Fuß von der Mittellinie Richtung Bayern Tor gedribbelt war. Dieses Tor riss die Fans von den Sitzen.

Dabei hatte sich der Einsatz des Siegtorschützen erst gar nicht angedeutet. Trainer Jürgen Wähling setzt zu Beginn neben Siggi Reich auf Stefan Kohn im 96-Angriff. In der 57. Spielminute kam es dann zum später spielentscheidenden Schachzug des 96-Trainers – er wechselte Gregor Grillemeier für Kohn ein. Nach dem Spiel wurde gerätselt, ob es nur eine glückliche Hand oder gar psychologisches Geschick des 96-Trainer war. Die Fans verlangten nach dem 2:1 vehement Zugaben der 96-Spieler und nach dem Abpfiff sangen sie noch lange lautstark das Lied von den Bayern, denen man die Lederhosen ausgezogen hat.

Hannover 96: Raps, Hellberg, Geils, Surmann, Hobday, Dierßen (65. Müller), Drews, Dammeier, Willmer, Kohn (57. Grillemeier), Reich
Schiedsrichter: Werner (Auersmacher)
Zuschauer: 60.354 im Niedersachsenstadion Hannover
Tore: 0:1 Pflügler (6.), 1:1 Hobday (58.), 2:1 Grillemeier (76.)

2. Bundesliga

Das dritte Stadtderby im Profibereich

14. September 1990: TSV Havelse – Hannover 96 1:2 (0:1)

Das dritte Stadtderby im Profibereich begann an einem Freitagabend mit Verspätung. Dafür sorgten viele Staus auf den Anfahrtswegen und lange Schlangen an den Kassenhäuschen. Beim Liganeuling Havelse, der vor diesem Derby am 10. Spieltag zwei Punkte vor 96 auf dem 15. Tabellenplatz stand, freute sich Präsident Haaßengier über den Wechsel des Spielorts ins Niedersachsenstadion: „Diese Zuschauerzahl hatten wir zu Oberligazeiten schon einmal, aber in zwei Spielzeiten zusammen und nicht in einem Spiel."

Es wurde ein dramatisches Spiel mit völlig verschiedenen Halbzeiten. Hannover 96 startete blitzschnell und überrannte den Gegner. Bereits nach sechs Minuten konnten die 96-Anhänger jubeln: Matthias Kuhlmey flankte in den Strafraum und Jochen Heisig erzielte das 1:0. Nach dieser frühen Führung dominierte das Team von 96-Trainer Michael Krüger die Partie – versäumte es aber, den Vorsprung auszubauen. Jochen Heisig traf kurz vor dem Pausenpfiff aus 16 Metern nur die Torlatte.

In der Pause nahm Havelses Trainer Finke seinem Team die Angst und Havelse beherrschte die 2. Halbzeit. Bereits drei Minuten nach dem Wiederanpfiff traf Vogel aus kurzer Distanz zum 1:1. Das Spiel war danach völlig ausgeglichen mit Chancen auf beiden Seiten. Ab der 68. Minute gehören die meisten Sympathien dem Aufsteiger aus der Vorstadt Garbsen. Der eingewechselte Niclas Weiland wurde im Strafraum gefoult. Elfmeter. Heisig schoss den Elfer neben das Tor. Aber der Schiedsrichter ließ den Elfmeter wiederholen, da ein Havelser im 16-m-Raum gestanden hatte. Michael Karl trat an, scheitert aber vom Punkt an Havelses Keeper Mauritz. Danach glaubten die Zuschauer bereits an eine Punkteteilung, doch 60 Sekunden vor dem Abpfiff nutzte Jochen Heisig eine Flanke per Kopfball zum 2:1 für Hannover 96.

Das Rückspiel gewann Hannover 96 ebenfalls mit 2:1 (1:0). 96 wurde am Ende Tabellenzehnter und Havelse musste als Vorletzter absteigen.

Hannover 96: Sievers, Wojcicki, Karl, Kuhlmey, Surmann, Bicici, Sundermann, Groth, Kretzschmar, Grün (60. Weiland), Heisig
Schiedsrichter: Dr. Merk (Kaiserslautern)
Zuschauer: 28.000 im Niedersachsenstadion Hannover
Tore: 0:1 Heisig (6.), 1:1 Vogel (48.), 1:2 Heisig (88.)

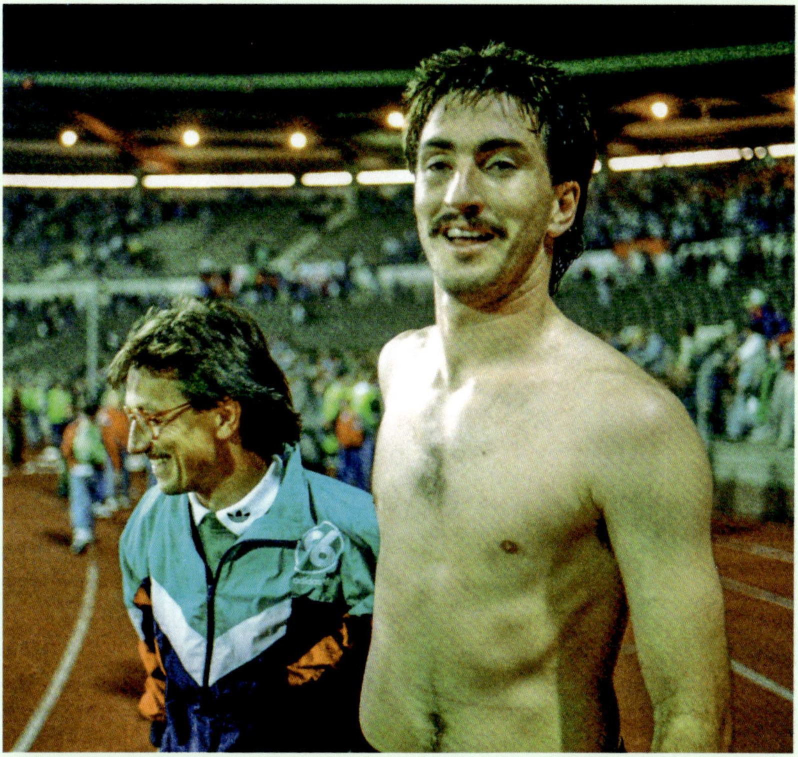

Doppeltorschütze Jürgen Heisig freut sich nach dem Spiel zusammen mit seinem Trainer Michael Krüger über den knappen Derby-Sieg. (imago/Rust)

Pokal-Helden werden geboren

23. Mai 1992: Borussia Mönchengladbach – Hannover 96 3:4 (0:0, 0:0) n. E.

Die Spielzeit 1991/92 bescherte Fußball-Deutschland drei Neuigkeiten: Im Zuge der Wiedervereinigung spielten nun auch Vereine aus der ehemaligen DDR um die Meisterschaft und den DFB-Pokal mit. Die Gelb-Rote Karte wurde eingeführt. Und mit Hannover 96 gewann der erste Zweitligist den DFB-Pokal.

Der Weg zum DFB-Pokalsieg 1992 begann für das Team von 96-Trainer Michael Lorkowski am 27.7.1991 schon in der Finalstadt – in der 1. Runde bei Marathon Berlin siegte 96 mit 7:0 durch drei Tore von Martin Groth, 2 Treffer von Jörg Kretzschmar sowie je ein Tor von Roman Wojciciki und Axel Sundermann.

Am 17.8.1991 in der 2. Runde besiegte 96 den Bundesligisten VfL Bochum auswärts durch Tore von Waldemar Steubing, Niclas Weiland und Michael Schjönberg mit 3:2. Es folgte am 3.9.1991 das Spiel beim Bundesligisten Borussia Dortmund. Nach einem 0:2-Rückstand zur Halbzeit gelang der Elf von 96-Trainer Michael Lorkowski vor nur wenigen Zuschauern mit viel Einsatz in der letzten halben Stunde ein 3:2-Sieg beim hohen Favoriten. Und dabei konnte 96 nur eine Notelf aufs Feld schicken, beim Anpfiff fehlten sechs Stammspieler. Nachdem der Schiedsrichter 96 einen Elfmeter versagte, schossen Schmidt und Chapuisat den BVB bereits nach 29. Minute zum 2:0. Erst in der 73. Minute erzielte Patrick Grün nach einer Ecke den Anschlusstreffer. Neun Minuten später verwertete der damals erst 17-jährige André Breitenreiter ein Zuspiel von Waldemar Steubing kaltschnäuzig zum 2:2-Ausgleich. Das Spiel wurde zur Nervenschlacht. Und die 1.500 mitgereisten 96-Fans konnten in der 89. Minute die Sensation bejubeln. Manndecker Jörg-Uwe Klütz stürmte nach vorn, fasste sich ein Herz und schoss aus gut 25 Metern flach zum viel bejubelten 3:2-Sieg ins Dortmunder Tor

Dann gab es am 24.9.1991 das erste Heimspiel für 96 in dieser Pokal-Saison. Im Achtelfinale besiegte man Zweitligist Bayer 05 Uerdingen mit 1:0. Das Tor des Tages erzielte Patrick Grün bereits nach 38. Minuten vor 18.600 Zuschauern. Am 30.10.1991 war Bundesligist Karlsruher SC in Hannover zu Gast. 28.000 Zuschauer sahen einen 1:0-Sieg – das entscheidende Tor erzielte Matthias Kuhlmey in der 70. Minute und sorgte für den Einzug ins Halbfinale.

Am 8.4.1992 kam Werder Bremen als Favorit im Halbfinale nach Hannover. Vor 57.000 Zuschauern im Niedersachsenstadion setzte 96 den Gästen mit Kampfgeist zu. Nach 90 Minuten ging das Spiel torlos in die Verlängerung. Als Michael Koch in der 96. Minute das 1:0 erzielte, träumten die Fans bereits vom Pokalfinale, aber nur zwei Minuten später sorgte Bratseth für den Ausgleich. So kam es zum Elfmeterschießen, in dem 96-Torwart Jörg Sievers zum Helden wurde. Zunächst verwandelte er selbst zum 6:5 am Bremer Torwart Rollmann vorbei und dann hielt er den entscheidenden Elfmeter von Marco Bode und bescherte 96 den Einzug ins DFB-Pokalfinale. „Das war für 96 ein Jahrhundertspiel – davon wird man in vielen Jahren noch sprechen", sagte der Torwart nach dem Abpfiff. 96-Trainer Michael Lorkowski erklärte kurz danach, dass er in der nächsten Saison Trainer beim FC St. Pauli werden würde, aber er seinen Abschied mit dem Sieg im DFB-Pokalfinale begehen wolle.

Das Endspiel gegen Borussia Mönchengladbach fand am 23. Mai – auf den Tag 38 Jahre, nachdem Hannover 1954 Deutscher Meister geworden war. 96 erwies sich im 49. DFB-Pokalfinale dem Bundesligisten ebenbürtig und besaß während der 120 Minuten die klareren Torchancen. Gladbach fand nie zu seinem Spiel. 96 trat unter der Maßgabe von Trainer Michael Lorkowski an: „Wir haben nichts zu verlieren – wir können nur gewinnen" und so begann 96 das Spiel mutig. Michael Koch scheiterte an Gladbachs Keeper Kamps (11.). In der 28. Minute hatte 96 die nächste Torchance. Jörg Kretzschmar tauchte vor Gladbachs Torhüter Kamps auf, der den Ball abwehren konnte (28.). Dann der Auftritt von Milos Djelmas. Er spielt an der Eckfahne Klinkert und Huschbeck aus. Seine Flanke in den Strafraum verfehlt Bernd Heemsoth nur knapp (34.).

Gladbach zeigte Respekt vor 96. Hannover 96 verschleppte das Tempo und Roman Wojcicki löste die wenigen kniffligen Situationen mit seiner Ruhe und Übersicht. Nachdem Milos Djelmas die erste Chance für 96 in der zweiten Halbzeit hatte (52.), fiel ein Tor für Gladbach. Aber Schiedsrichter Heynemann hatte vorher abgepfiffen (53.) In der 67. Minute die größte Chance im ganzen Spiel für 96. Milos Djelmas schießt aufs Tor. Gladbachs Keeper Kamps kann den Ball abwehren, der Djelmas vor die Füße fällt, er passt zu Bernd Heemsoth. Der 96-Verteidiger stoppte den Ball etwa fünf Meter vor der Torlinie und schießt dann aber Gladbachs Keeper an.

Die Verlängerung beginnt mit dem ersten Tor für 96 – leider hatte Uwe Jursch den Abseitspfiff überhört (96.) und nur fünf Minuten später klärt Jörg Sievers mit dem Fuß vor dem frei vor ihm auftauchenden Dahlin. So kam es, wie es kommen sollte: Das Elfmeterschießen musste die Entscheidung bringen. Und hier bewies der Außenseiter aus Hannover seine Klasse.

Während Gladbachs Trainer Gelsdorf Mühe hatte, überhaupt fünf Schützen zu finden, strotzen die 96er vor Selbstvertrauen.

Milos Djelmas verwandelte mit aufreizender Lässigkeit seinen Elfer, Roman Wojcicki schoss mit stoischer Gelassenheit den Ball an den Innenpfosten, von wo er ins Tor sprang, Keeper Jörg Sievers hielt gleich zwei Elfmeter hintereinander von Pflipsen und Fach, Jörg Kretzschmar verwandelt sicher. Um 20:37 Uhr versenkte Michael Schjönberg den entscheidenden Elfmeter ins Gladbacher Tor und sicherte damit die Sensation. Ob er bei seinem Elfmeter nervös war, wurde er nachher gefragt. „Nein, ich kenne keine Nerven. Ich habe dem Trainer gesagt, dass ich nur als Letzter schießen würde, denn ich war mir 100% sicher. Beim Elfmeter war ich ganz ruhig. Es war ein Schuss für die ganze Mannschaft", meinte der Däne später.

Danach Freudentaumel bei den 96-Spielern, Trainer Lorkowski reckte die geballten Fäuste gen Himmel, Keeper Jörg Sievers sank zu Boden und alle jubelten, erst auf dem Rasen, danach überschwänglich mit den Fans im Olympiastadion. Ironie des Schicksals: Elfmeterkiller Jörg Sievers und Elfmeterschütze Jörg Kretzschmar mussten anschließend zur Dopingprobe.

Nach der Pokalübergabe auf dem Balkon des Olympiastadions stürmen die Pokalhelden die Bühne des ZDF-Sportstudios „92, 93, 94, 95, 96 … Wir haben den Pokal" brüllten die Helden von Hannover 96 dem ZDF-Sportmoderator Günter Jauch entgegen und nicht nur er, sondern die Millionen TV-Zuschauer erlebten pure Freude. Die Feier stieg dann im Steigenberger Hotel, bevor die Spieler Berlin eroberten und Trainer Michael Lorkowski mit dem DFB-Pokal unter dem Arm ins Berliner Nachtleben loszog. Am nächsten Tag bereiten über 50.000 Fans der Mannschaft einen riesigen Empfang vor dem Rathaus in Hannover. Die Party startete aber gut 90 Minuten später als geplant, denn der Bus stand auf der Rückfahrt aus Berlin öfter im Stau – aber das tat der Feierstimmung in Hannover keinen Abbruch.

Hannover 96: Sievers, Heemsoth (120. Kuhlmey), Wojcicki, Sundermann, Klütz, Schjönberg, Freund, Surmann, Kretzschmar, Djlemas, Koch (71. Jursch)
Schiedsrichter: Heynemann (Magdeburg)
Zuschauer: 76.200 im Berliner Olympiastadion
Elfmeterschießen: 1:0 Kastenmaier, 1:1 Djelmas, 2:1 Criens, 2:2 Wojcicki, Pflipsen (Sievers hält), Freund (Kamps hält) Fach (Sievers hält) 2:3 Kretzschmar, 3:3 Neun, 3:4 Schjönberg

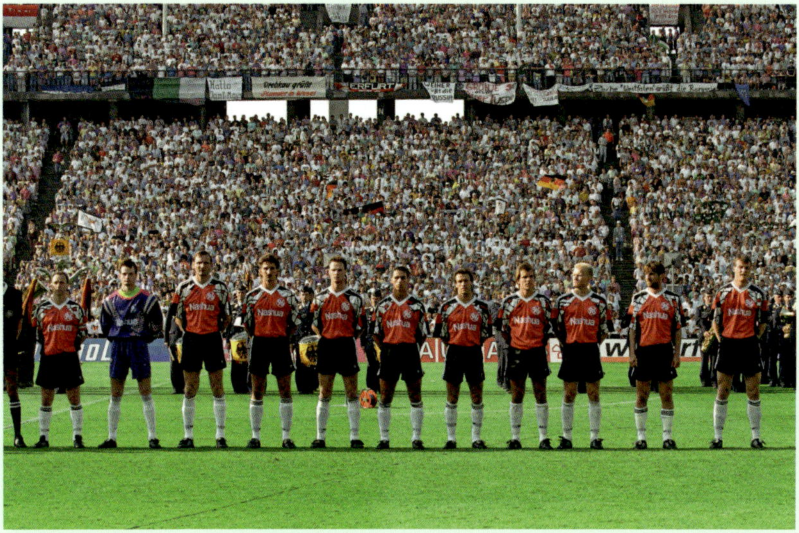

Die Pokale-Helden vor Spielbeginn: Kapitän Karsten Surmann, Torwart Jörg Sievers, Roman Wojcicki, Oliver Freund, Jörg Uwe Klütz, Axel Sundermann, Jörg Kretzschmar, Michael Koch, Bernd Heemsoth, Milos Djelmas, Michael Schjönberg (imago/Rust)

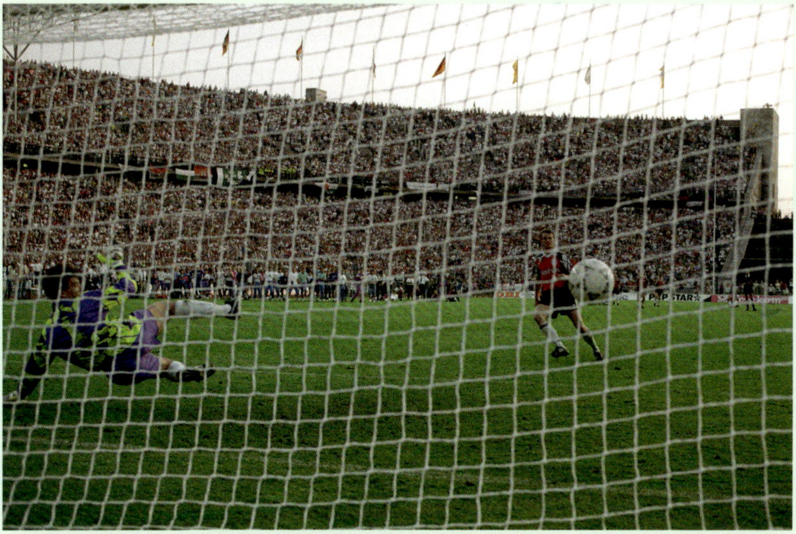

Der finale Elfer: Michael Schjönberg verlädt Uwe Kamps (imago/Rust)

Europapokal der Pokalsieger

Echtes Europapokaldebüt in Deutschland

15. September 1992: Werder Bremen – Hannover 96 3:1 (3:1)
30. September 1992: Hannover 96 – Werder Bremen 2:1 (2:1)

96 qualifizierte sich durch den Sieg im DFB-Pokalfinale gegen Mönchengladbach für den Europapokal der Pokalsieger. Nach langer internationaler Abstinenz hoffte man auf einen berühmten Gegner – und das Los bescherte 96 einen: Werder Bremen, amtierender Europapokalsieger, allerdings keine Reise ins Ausland, sondern nur knapp 100 Kilometer nach Norden. Im Hinspiel in Bremen sorgten die Bremer Rufer (19. und 28.) und Bratseth (45.) für eine beruhigende 3:1-Halbzeitführung für Werder. Roman Wojcicki hatte in der 26. Minute per Elfmeter zum 1:1 für Hannover 96 ausgeglichen, nachdem Werders Beiersdorfer Mijlos Djelmas im Strafraum gefoult hatte. Bei diesem Ergebnis blieb es bis zum Schlusspfiff, obwohl Michael Schjönberg in der 63. Minute die Gelb-Rote Karte erhielt und 96 das Spiel zu zehnt beenden musste.

Damit war Werder mit Trainer Rehhagel klarer Favorit für das Rückspiel in Hannover. 96 trat ohne den gesperrten Michael Schjönberg und Roman Wojciciki an. Dafür war Reinhold Daschner im Team. Der Mittelfeldmann sorgte in der 29. und 33. Minute für die 2:1-Pausenführung, nachdem Rufer per Elfmeter in der 18. Minute die Führung der Bremer erzielte hatte. Dieser Elfmeter war heftig umstritten. Nach einer Flanke von Bockenfeld pfiff der Schiedsrichter ein Handspiel des 96-Liberos Raickovic. Am Ende sorgte der Bremer Keeper Reck mit zahlreichen Paraden dafür, dass Werder nicht in die Verlängerung musste.

Hannover 96: Sievers, Wojcicki, Sundermann, Klütz, Heemsoth, Groth, Sirocks, Bicici, Schjönberg, Koch (66. Kretzschmar), Djelmas (64. Mathy)
Schiedsrichter: Elleray (England)
Zuschauer: 14.200 im Weserstadion Bremen
Tore: 1:0 Rufer (19.), 1:1 Wojcicki (26.), 2:1 Rufer (28.), 3:1 Bratseth (45.)

Hannover 96: Sievers, Raickovic, Klütz, Sundermann, Groth, Daschner (75. Breitenreiter), Sirocks, Bicici, Kretzschmar, Djelmas, Jursch (62. Koch)
Schiedsrichter: van der Ende (Niederlande)
Zuschauer: 27.436 im Niedersachsenstadion Hannover
Tore: 0:1 Rufer (18./Foulelfmeter), 1:1 Daschner (29.), 2:1 Daschner (33.)

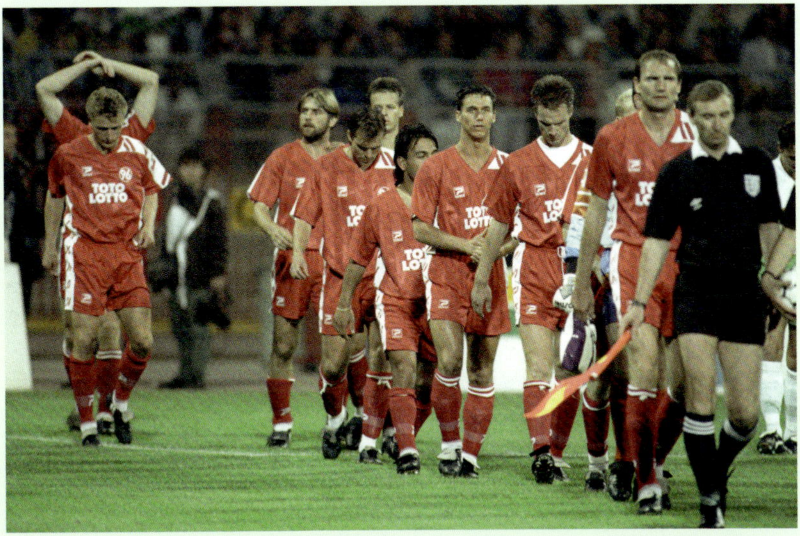

Volle Konzentration vor dem Hinspiel im Bremer Weserstadion. Zu erkennen sind: André Sirocks, Milos Djelmas, Michael Koch, Martin Groth, Hakan Bicici, Axel Sundermann, Jörg Uwe Klütz und Kapitän Roman Wojcicki (imago/Rust)

Das schnellste Profi-Tor bei 96 nach neun Sekunden

18. November 1994: Hannover 96 – FC Homburg 4:3 (3:1)

1, 2, 3, 4, 5, 6, 7, 8, 9 Sekunden – so lange dauerte es, bis Lothar Sippel das schnellste Tor für Hannover 96 in der bisherigen Vereinshistorie von Hannover 96 zur 1:0-Führung gegen den FC Homburg erzielt hatte. Die Geschichte der Torentstehung zu schildern, dauert deutlich länger als diese neun Sekunden: Anstoß für Hannover 96. Andrezj Kobylanski spielt den Ball zu Thorsten Gütschow, der passt zurück zu Günter Herrmann. Der 96-Kapitän schlägt den Ball zu Marco Dehne. Der schießt aufs Homburger Tor. Homburgs Ruoff fälscht die Flanke über seinen Torwart Eich als Bogenlampe ab. Lothar Sippel sprintete heran und grätschte den Ball ins Homburger Tor – zum schnellsten Tor im deutschen Profifußball zu diesem Zeitpunkt.

Hannover 96 setzte nach: Stefan Studer flankt und Thorsten Gütschow köpft zur 2:0-Führung ein (20.). Simon verkürzt zum 2:1 (25.). Kurz vor dem Halbzeitpfiff erhöht Reinhold Daschner mit einem Freistoß zur 3:1-Halbzeitführung. Thorsten Gütschow erzielt in der 74. Minute das 4:1 für 96. Simon traf in der 84. Minute zum 4:2 und Carsten Linke erzielte in der 89. Minute das 4:3. Danach mussten die 96-Fans in der Nachspielzeit noch bangen – ehe der Sieg des Hannover 96-Teams von Trainer Peter Neururer perfekt war.

Lothar Sippel war damit als Torschütze schneller als Andre Siroks, der am 20.3.1993 nach 15 Sekunden das bis dahin schnellste Hannover 96 Tor beim 3:0-Auswärtssieg in Remscheid erzielt hatte. Uwe Harttgen rangiert als dritter in der Tempo-Torschützenliste von Hannover 96 in der 2. Bundesliga – er erzielte am 14.5.1995 beim 7:0-Heimsieg über den FSV Frankfurt nach 17 Sekunden die 1:0-Führung für Hannover 96.

Hannover 96: Sievers, Schlotterbeck, Prinzen, Klütz, Sippel, Harttgen, Hermann, Dehne (31. Daschner), Studer, Gütschow (74. Weise), Kobylanski
Schiedsrichter: Stark (Landshut)
Zuschauer: 5.092 im Niedersachsenstadion Hannover
Tore: 1:0 Sippel (1.), 2:0 Gütschow (21.), 2:1 Simon (24.), 3:1 Daschner (43.), 4:1 Gütschow (74.), 4:2 Simon (84.), 4:3 Linke (89.)

Das vierte Stadtderby in der Regionalliga Nord

27. September 1996: Sportfreunde Ricklingen – Hannover 96 0:2 (0:1)

Nach dem Abstieg von Hannover 96 in die Regionalliga Nord zur Saison 1996/97 gab es ein weiteres Stadtderby in der Regionalliga. 96 traf auf die Sportfreunde Ricklingen. Die Mehrzahl der Fans beim Auswärtsspiel von 96, das auf Wunsch der Sportfreunde im September 1996 im Niedersachsenstadion ausgetragen wurde, waren Hannover 96-Fans. Das erste richtige Stadtderby (wenn man vom TSV Havelse einmal absieht) nach 15 Jahren konnte die Erwartungen der Fans aber nicht wirklich erfüllen. Das 96-Team von Trainer Reinhold Fanz agierte abgebrüht und kam bereits in der 17. Spielminute nach Vorarbeit von Leonardo Manzi durch Kreso Kovacec zur 1:0-Führung. Das Team von Ricklingens Trainer Dieter Schatzschneider, dem einstigen 96-Goalgetter, hatte erst kurz nach der Halbzeitpause seine erste Torchance. Giesel schoss einen Freistoß, den 96-Torwart Jörg Sievers aber sicher abwehren konnte. Als Ricklingens Gremmel in der 51. Spielminute nach einem harten Einsatz des Feldes verwiesen wurde, waren die Sportfreunde Ricklingen chancenlos. Aber es dauerte bis zur 68. Minute, ehe Gerald Asamoah eine Flanke von Vladan Milovanovic zum 2:0-Sieg von Hannover 96 einschoss.

Die drei weiteren Stadtderbys in der Regionalliga Nord gegen Ricklingen endeten mit 96-Siegen ohne Gegentreffer – alle jeweils mit 4:0-Siegen für Hannover 96.

Nach dem Aufstieg zur Saison 1998/1999 gab es kein Stadtderby in Pflichtspielen mehr – aber die Hannover 96-Amateure nutzten das Ricklinger Stadion für die Regionalligaspiele während des Umbaus des 96-Nachwuchsleistungszentrums.

Hannover 96: Sievers, Dermech, Linke, Gärtner (82. Arslan), Addo, Milovanovic, Rasiejewski, Ernst (46. Brezina), Kovacec, Manzi (61. Asamoah)
Schiedsrichter: Hahne (Hannover)
Zuschauer: 24.000 im Niedersachsenstadion Hannover
Tore: 0:1 Kovacec (16.), 0:2 Asamoah (68.)
Besondere Vorkommnisse: Platzverweis Gremmel (Ricklingen)

Aufstiegsspiel zur 2. Bundesliga

Feindschaft statt Freundschaft

5. Juni 1997: Energie Cottbus – Hannover 96 3:1 (1:1)

Ausgerechnet zum 100. Vereinsjubiläum war Hannover 96 erstmals in der Clubhistorie drittklassig. Zu Beginn des Spieljahres waren nur noch sechs Spieler aus der Vorsaison dabei, und Franz Gerber, bis dahin beim TuS Celle tätig, wurde neuer 96-Manager. Er holte neben Trainerneuling Reinhold Fanz Talente aus den eigenen Reihen und der näheren Umgebung. Die Routiniers Jörg Sievers, Carsten Linke und Dieter Hecking sorgten für Stabilität. Und so wurde aus einer Notelf schnell eine Spitzenmannschaft. Während der Saison gab es ein Fernduell zwischen 96 und Eintracht Braunschweig um die Tabellenspitze. 96 sicherte sich die Herbstmeisterschaft und die guten Zuschauerzahlen ließen den Verein erfahrene Profis nachverpflichten. Am 12.2.1997 gewann 96 mit 4:0 vor 27.200 Zuschauern gegen Eintracht Braunschweig. Vier Spieltage vor Saisonende feierte man die Regionalliga-Meisterschaft, die aber nicht direkt zum Aufstieg in die 2. Liga reichte. In zwei Spielen musste sich Hannover 96 gegen Energie Cottbus qualifizieren. Am 29.5.1997 kam Hannover 96 im ersten Aufstiegsspiel vor 56.000 Zuschauern im Niedersachsenstadion nur zu einem 0:0-Unentschieden.

Das Rückspiel in Cottbus ging aufgrund zahlreicher Vorkommnisse in die Annalen ein. Im Stadion der Freundschaft herrschte eine feindselige Stimmung. Die beiden Ghanaer im 96-Team Otto Addo und Gerald Asamoah wurden pausenlos beleidigt und mit Bananen beworfen. Vor der Haupttribüne betätigte sich Energie-Trainer Geyer als Einpeitscher. Sein Team schaffte es mit zunehmender Spieldauer, 96 mit hartem körperlichen Einsatz einzuschüchtern. Beim Stand von 1:1, das 96 zum Aufstieg gereicht hätte, fiel um 21:38 Uhr das Flutlicht aus. Nach einer 12-minütigen Zwangspause und einer Gelb-Roten Karte gegen den Cottbuser Melzig hofften die 96-Spieler auf ein Happy End. Aber zwei Tore durch zehn Cottbuser sorgten für den K.o.

Hannover 96: Sievers, Rasiejewski, Ernst (67. Germann), Dworschak, Weiland (59. Milovanovic), Hecking, Dermech, Addo, Linke, Asamoah (77. Manzi), Kovacec
Schiedsrichter: Dardenne (Nettersheim)
Zuschauer: 21.000 im Stadion der Freundschaft Cottbus
Tore: 1:0 Hoßmang (39.), 1:1 Ernst (44.), 2:1 Irrgang (72.), 3:1 Irrgang (87.)

Regionalliga Nord

Erstmals zweistellig in der Regionalliga

20. September 1997: Hannover 96 – Göttingen 05 10:0 (6:0)

Martin Kind hatte den Vereinsvorsitz übernommen und Hannover 96 zeigte in der Regionalliga Nord seine spielerische Klasse. Ein beeindruckendes Beispiel der Leistungsstärke war das Spiel am 20.9.1997 gegen Göttingen 05. Die 96-Spieler demonstrierten im Niedersachsenstadion ihr spielerisches, konditionelles und technisches Können und ließen den Gästen keine Chance. Otto Addo, Damian Brezina, Sven Fischer und Vladan Milovanovic spielten die Göttinger Abwehr vom Anpfiff an schwindelig. Gerald Asamoah und Dieter Hecking rissen immer wieder Löcher in die überforderte 05er-Abwehr. Carsten Linke, eigentlich als Manndecker aufgeboten, konnte sich ungehindert in die Offensive der 96er einschalten und wurde zum dreifachen Torschützen. Beim ersten Tor des Spiels in der 14. Minute nutze er eine Ecke von Vladan Milovanovic zu einem Schuss direkt unter die Torlatte. Seinen Volleyschuss aus gut 16-m-Torentfernung zum 6:0 war das spektakulärste Tor des Matches. Hätte Göttingens Keeper Hessing an diesem Tag nicht so gut gehalten, hätte Hannover 96 sicher noch deutlich höher gewonnen, denn die Göttinger schwächten sich bereits nach 30 Minuten, als Fritsch ein Handspiel auf der Torlinie unterlief, das zu einem Elfmeter und seinem Platzverweis führte. Den Elfmeter verwandelte Vladan Milovanovic zum 5:0.

96 begnügte sich am Ende des Spiels mit 10 Toren – als in der 72. Minute das 10:0 per Kopfball von Kreso Kovacec fiel, spielte 96 danach eher nur noch auf Sparflamme. 96 holte damit erstmals seit dem Beginn des Profifußballs nach dem 2. Weltkrieg in einem Pflichtspiel – egal ob Oberliga, Regionalliga, 2. Bundesliga oder Bundesliga – ein zweitstelliges Ergebnis.

Hannover 96: Sievers, Ernst, Dworschak, Linke, Fischer (67. Gärtner), Milovanovic, Dietrich, Brezina, Addo (46. Bicici), Asamoah (46. Kovacec), Hecking
Schiedsrichter: Özkan (Hamburg)
Zuschauer: 5.048 im Niedersachsenstadion Hannover
Tore: 1:0 Linke (14.), 2:0 Addo (16.), 3:0 Hecking (20.), 4:0 Asamoah (24.), 5:0 Milovanovic (31./Handelfmeter), 6:0 Linke (37.), 7:0 Hecking (52.), 8:0 Linke (53.), 9:0 Kovacec (56.), 10:0 Kovacec (72.)
Besondere Vorkommnisse: Platzverweis Fritsch (Göttingen)

Aufstiegsspiele zur 2. Bundesliga

Ein „Colt“ für alle Fälle

24. Mai 1998: Hannover 96 – TeBe Berlin 5:1 n. Elfmeterschießen 2:0 (1:0)

96 holte sich in der Saison 1997/1998 erneut die Meisterschaft in der Regionalliga Nord und trat in der Relegation zur 2. Bundesliga gegen TeBe Berlin an. Das Hinspiel am 21.5.1998 verlor Hannover 96 mit 0:2 in Berlin. Das Rückspiel am 24.5.1998 wurde zu einem Aufstiegskrimi statt, der er per Elfmeterschießen entschieden wurde.

Die ersten Torchancen des Spiels besaß TeBe. 96-Keeper Jörg Sievers reagierte in der 4. Minute zweimal glänzend. 96 war danach im Vorwärtsgang. Markus Kreuz flankte von links in den Strafraum, Gerald Asamoah verlängerte den Ball per Flugkopfball zur 1:0-Führung (7.). Dieser frühe Treffer setzte bei 96 Kräfte frei und die Fans ahnten, dass ihr Team die Berliner bezwingen könnte. Das Team von 96-Coach Reinhold Fanz spielte weiter mutig nach vorn. TeBe kam zu Konterchancen – aber 96-Torhüter Jörg Sievers vereitelte diese. In der 20. Minute zwang Markus Kreuz Gäste-Torwart Curko zu einer Glanztat. Dann folgte ein Schock für 96: Oddo Addo muss verletzt ausgewechselt werden. Und danach folgte der Aufreger des Spiels: Jörg Sievers stürmte aus seinem Tor, berührte den Berliner Aracic nicht, doch dieser fiel und wollte einen Elfmeter schinden. Schiedsrichter Aust gab beiden Spielern nur eine Verwarnung (37.)

Nach der Halbzeitpause fehlten zwingenden Torchancen – nur Dieter Hecking zwang Curko mit einem harten Schuss erneut zu einer Glanzparade. Aber mit jeder Minute ohne eigenes Tor wurde die Partie für 96 zu einem Spiel gegen die Uhr. Die Zuschauer boten maximale Unterstützung. In der 61. Minute wurde der von ihnen lautstark geforderte Stürmer Vladan Milovanovic eingewechselt. Drei Minuten später passte er zu Dieter Hecking, dessen Schuss vom TeBe-Keeper aber pariert wurde. In der 84. Minute flankte Fabian Ernst vom rechten Flügel in den Strafraum, Carsten Linke verlängerte den Ball per Kopf und Vladan „Milo“ Milovanovic brachte diesen per Fallrückzieher aus 12 Metern im gegnerischen Tor unter. Danach explodierte das Stadion in einem Jubelorkan. Es blieb beim 2:0 – Verlängerung. 96 war mit seinen Kräften am Ende, TeBe griff immer wieder vehement an – aber es fiel kein Tor mehr. So kam es zum Elfmeterschießen. Alle Augen richteten sich dabei auf Torwart Jörg „Colt“ Sievers. Er war seit dem DFB-Pokalfinaltriumph

1992 als „Elfmeterkiller" bekannt. An diesem Relegations-Abend im Mai 1998 wehrte Sievers erneut zwei Elfmeter von Akrapovic und Copado ab, zusätzlich verschoss Isa – so schaffte Hannover 96 neben RW Oberhausen und dem SSV Ulm 1848 den Aufstieg in die zweite Bundesliga durch die Elfmeter von Fabian Ernst, Carsten Linke und Markus Kreuz. Die Fans sangen danach überglücklich die Lieder von der 2. Liga.

Hannover 96: Sievers, Ernst, Eigner (70. N'Diaye), Linke, Hecking, Reinhardt, Kreuz, Rasiejewski, Addo (24. Brezina), Asamoah, Bicici (61. Milovanovic)
Schiedsrichter: Aust (Köln)
Zuschauer: 49.000 im Niedersachsenstadion Hannover
Tore: 1:0 Asamoah (7.), 2:0 Milovanovic (84.)
Elfmeterschießen: 3:1 Ernst; Sievers hält gegen Akrapovic, 4:1 Linke, Isa verschießt, 5:1 Kreuz, Sievers hält gegen Copado

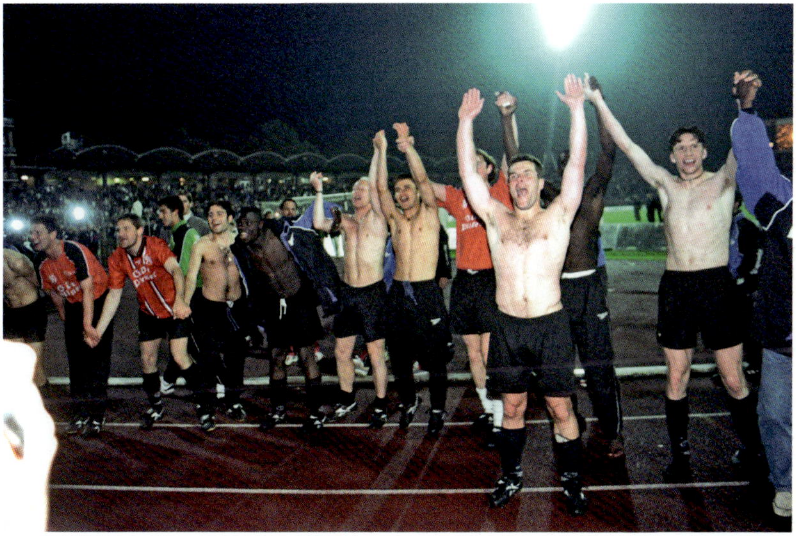

Endlich wieder Profi-Fußball: Dafür geben auch Gerald Asamoah, Dieter Hecking und Bastian Reinhardt ihr letztes Hemd. (imago/Rust)

Sohn schießt Siegtor für den Trainervater

21. Februar 1999: KFC Uerdingen – Hannover 96 0:1 (0:0)

Franz Gerber, der als 96-Manager am 4. Januar 1999 den kurzfristig zu Eintracht Frankfurt gewechselten Trainer Reinhold Fanz auch als Trainer ersetzte, trainierte danach auch seinen Sohn Fabian. Er feierte einen sehr positiven Einstand als Trainer und setzte mit seinem Sohn Fabian Gerber für Hannover 96 und die Bundesliga sportliche Maßstäbe. Das Spiel im Februar 1999 gegen den KFC Uerdingen 05 schien torlos zu Ende zu gehen – die Zuschauer in der Grotenburg in Krefeld hatten sich bereits damit abgefunden. Nur das Debüt von US-Boy Steven Cherundolo bei Hannover 96 sorgte für positive Momente.

Dann kam es aber zum Auftritt von 96-Jungprofi Fabian Gerber, der in der 85. Minute beim Stand von 0:0 von seinem Vater Franz eingewechselt wurde. Nach einem Pass von Volkan Arslan nahm Fabian Gerber den Ball geschickt mit, lief noch einige Meter, bevor er nach einer kurzen Täuschung aus 15 Meter mit seinem rechten Fuß abzog. Der Ball schlug im Tor der Uerdinger ein. Es war sein erstes Profi-Tor und er bejubelte seinen Treffer in der 89. Spielminute ausgelassen. Er wurde auf dem schlammigen Boden von seinen Mitspielern und den Fans auf den Rängen gleichermaßen gefeiert.

Nach Spielende sagte er den wartenden Journalisten: „Ein unbeschreibliches Gefühl. Ich habe mir lange gewünscht, mein erstes Tor als Profi zu erzielen". Es war auch ein gelungenes Trainerdebüt für seinen Vater Franz bei 96. Damit kam es zum schnellsten Tor eines Vater-Sohn-Gespanns im bezahlten Fußball in Deutschland. Nach diesem 1:0-Auswärtssieg startete das Team von Trainer Franz Gerber eine tolle Aufholjagd, die fast noch mit dem Bundesligaaufstieg von Hannover 96 belohnt worden wäre.

Hannover 96: Sievers, Baschetti, Rasiejewski, Dworschak, Linke, Reinhardt, Blank, Cherundolo, Kreuz (79. Arslan), Asamoah (85. Gerber), Morinas (71. Becker)
Schiedsrichter: Schütz (Norken)
Zuschauer: 4.000 im Grotenburgstadion Krefeld
Tor: 0:1 Gerber (89.)

Stürmer im Tor beim Aufstiegskrimi

13. Juni 1999: SpVgg Greuther Fürth – Hannover 96 0:1 (0:0)

Im Juni 1999 nahm der Aufstiegskrimi in der 2. Liga-Saison 1998/99 Fahrt auf. Das 96-Team benötigte im Spiel bei der SpVgg Greuther Fürth einen Sieg, um die Chance für einen Bundesliga-Aufstieg zu wahren. Die erste Halbzeit verschlief das 96-Team. „Aufwachen", forderten die 96-Fans auf den Tribünen. Aber auch in der zweiten Hälfte lief es kaum besser. Hannover 96 hatte Glück, dass die Fürther ihre zahlreichen Torchancen nicht nutzten. 96-Reservekeeper Heinz Müller, der den verletzten Jörg Sievers vertrat, rettete in der 80. Minute gegen Klee mit der Hand außerhalb des Strafraums – Platzverweis. Da Hannover 96 bereits dreimal ausgewechselt hatte, zog sich Stürmer Andrzej Kobylanski das Torwarttrikot über und stellte sich für die letzten zehn Minuten ins Tor.

In der 88. Minute dann grenzenloser Jubel bei den mitgereisten 96-Fans: der eingewechselte Litauer Igoris Morinas erzielte das erlösende 1:0 – 96 spielt ja nur noch mit zehn Mann. Der Stürmer als Ersatzkeeper im 96-Tor hatte bis kurz vor dem Schlusspfiff nur wenig zu tun, aber dann kam dieser eine magische Moment: In der 92. Minute flog Torwart Andrzej Kobylanski durch die Luft, um einen Gewaltschuss des Fürther Surmann aus dem Winkel zu fausten. Danach musste Hannover 96 noch kurz zittern, bevor gejubelt werden konnte. „Koby" wurde nach dem Spiel von seinen Mitspielern vom Platz getragen, die Fans feierten ihn mit Sprechchören. Kobylanski sagte nach dem Schlusspfiff: „Ich gehe im Training oft ins Tor. Den Ball habe ich überhaupt nicht gesehen. Ich wusste nur, den musst du unbedingt halten – und es hat geklappt."

Leider sorgte seine Glanztat nicht für den erhofften Aufstieg. Ulm hatte am Ende einen Punkt Vorsprung vor 96. Im letzten Spiel der Saison spielte Amateurkeeper Kai Wagener seine einzige Partie für die 96-Profis und blieb beim 2:1 der einzige Profitorwart bei 96, der in seiner Karriere kein Spiel verloren hat.

Hannover 96: Müller, Linke, Reinhardt, Dworschak (62. Baschetti), Lala, Kreuz (75. Gerber), Rasiejewski, Addo (57. Morinas), Blank, Kobylanski, Asamoah
Schiedsrichter: Werthmann (Iserlohn)
Zuschauer: 6.900 im Ronhof Fürth
Tor: 0:1 Morinas (88.)
Rote Karte: Müller (80./Hannover)

„Nie mehr zweite Liga, nie mehr, nie mehr …"

30. März 2002: Hannover 96 – FC Schweinfurt 05 6:0 (4:0)

Nach drei Jahren Zweitligafußball wurden in der Spielzeit 2001/02 die Weichen Richtung Bundesliga gestellt: Ralf Rangnick als neuer Hannover 96-Trainer verordnete seinem Team ein modernes Spielsystem. Und 96 verfügte mit Jan Simak über einen genialen Regisseur. Hannover 96 kehrte bereits Ende März 2002 vorzeitig durch einen 6:0-Heimsieg gegen den FC Schweinfurt 05 vor über 40.000 Zuschauern fünf Spieltage vor Saisonende in die 1. Bundesliga zurück. Hannover 96 dominierte das Spiel über die gesamten 90 Minuten und agierte dabei eher wie in einem Trainingsspiel denn in einem Zweitliga-Punktspiel. Schweinfurt 05 zog sich von Beginn an an den eigenen 16-Meter-Raum zurück und hoffte, so die Offensive von Hannover 96 stoppen zu können – aber der Versuch erwies sich als ungeeignet. Da die Hannover 96-Stürmer eng gedeckt wurden, schossen eben die Verteidiger und Mittelfeldspieler den Gegner ab. So traf Verteidiger Darius Zuraw bereits nach acht Minuten zum 1:0, ehe Babacar N'Diaye nach 21 Spielminuten schon für klare Verhältnisse sorgte.

Bereits während des Spiels gegen schallten die Sprechchöre „Nie mehr zweite Liga, nie mehr, nie mehr …" durchs Niedersachsenstadion. Am Ende waren die Gäste mit dem 6:0 noch gut bedient, denn Hannover 96 bereitete sich auf die große Aufstiegssause im Stadion und die feucht-fröhliche interne Aufstiegsfeier bereits während des Spiels vor – nur einer nicht: Jan Simak boykottierte nach dem Spiel die Aufstiegsfeier seiner 96-Mitspieler und reiste ohne Erlaubnis von Hannover 96 in seine Heimat.

Nach einer unglaublich erfolgreichen Saison wurde Hannover 96 ungefährdeter Zweitligameister und stellte am Ende mit 75 Punkten einen neuen Punkterekord auf.

Hannover 96: Sievers, Cherundolo, Linke, Zuraw, Stefulij, Lala (80. Nehrbauer), Krupnikovic, N'Diaye (71. Rose), Stendel, Casey (62. Kaufmann), Simak
Schiedsrichter: Margenberg (Wermelskirchen)
Zuschauer: 41.519 im Niedersachsenstadion Hannover
Tore: 1:0 Zuraw (8.), 2:0 N'Diaye (21.), 3:0 Casey (35.), 4:0 Stefulji (39.), 5:0 Krupnikovic (49.), 6:0 Kaufman (68.)

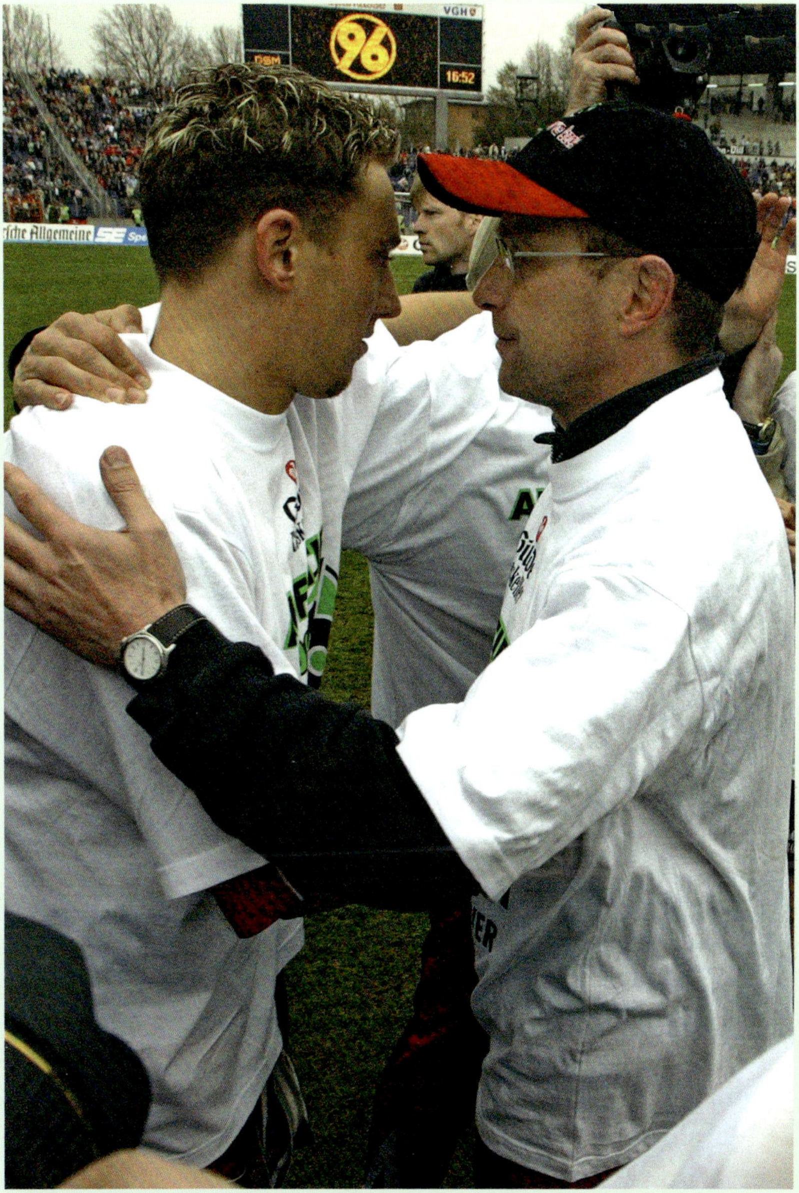

Der Macher und sein Spielmacher: Ralf Rangnick und Jan Simak freuen sich eher still über den Aufstieg in die 1. Liga. (imago/Rust)

Traumtor gegen Bayern München

5. April 2003: Hannover 96 – Bayern München 2:2 (2:0)

An dieses Freistoßtor erinnert sich der Schütze sicher bis an sein Lebensende sehr gern. Der freche Freistoßknaller von Vinicius Bergantin gegen Bayern München mit Welttorwart Kahn in Hannover sorgte nicht nur in der Baustelle der AWD Arena für Gesprächsstoff.

„In der 45. Minute beim Stand von 1:0, das Jiri Stajner neun Minuten vorher nach Vorarbeit von Nebjosa Krupnikovic mit rechts erzielt hatte, bekamen wir Freistoß. 35 Meter mittig vor dem Bayern-Tor. Erst wollte Krupi den Freistoß in den Strafraum heben, aber als die Bayern überhaupt keine Mauer stellten und Oliver Kahn in der Tormitte stand, sah ich meine Chance und wollte den Ball direkt aufs Tor schießen. Ich bin gut zehn Meter angelaufen, habe den Ball, so hart ich nur konnte, mit dem rechten Fuß in die kurze Ecke geknallt und drin war der Ball zur 2:0-Halbzeitführung. Es war ein traumhafter Freistoß, ich habe den Ball sehr gut und hart getroffen. Nach dem Tor herrschte bei meinen Mitspielern und den Zuschauern große Freude über den überraschenden Freistoß", erinnert sich der Brasilianer an sein Hammertor gegen Bayern. „Ein Freistoßtor gegen Oliver Kahn ist natürlich was Besonders – aus 35 Metern aber noch spezieller und dann gegen den besten Torwart der Welt. Ich habe mich danach unglaublich gefühlt. Leider hat es nur zu einem 2:2 gereicht".

„Das mach ich bei so einer Entfernung normalerweise immer und verzichte auf eine Mauer. Von 100 Schüssen geht nur einer rein", klärte Kahn nach dem Spiel die Journalisten auf. Schütze Vinicus erklärte stolz: „Ich habe schon immer solche Freistöße trainiert. Als keine Mauer gestellt wurde, habe ich gedacht: Der Schuss geht rein." Vinni, wie ihn seine Mitspieler und die Fans riefen, bestritt 144 Bundesligaspiele für 96 und erzielte dabei neun Tore.

Hannover 96: Tremmel, Cherundolo, Konstantindis, Vinicus, van Hintum (68. Schuler), Popescu, Lala, Krupnikovic (77. de Guzman), Stajner (87. Stendel), Bobic, Idrissou
Schiedsrichter: Krug (Gelsenkirchen)
Zuschauer: 31.878 auf der Baustelle der AWD Arena Hannover
Tore: 1:0 Stajner (36.), 2:0 Vinicius (45.), 2:1 Sagnol (77.), 2:2 Pizarro (86.)

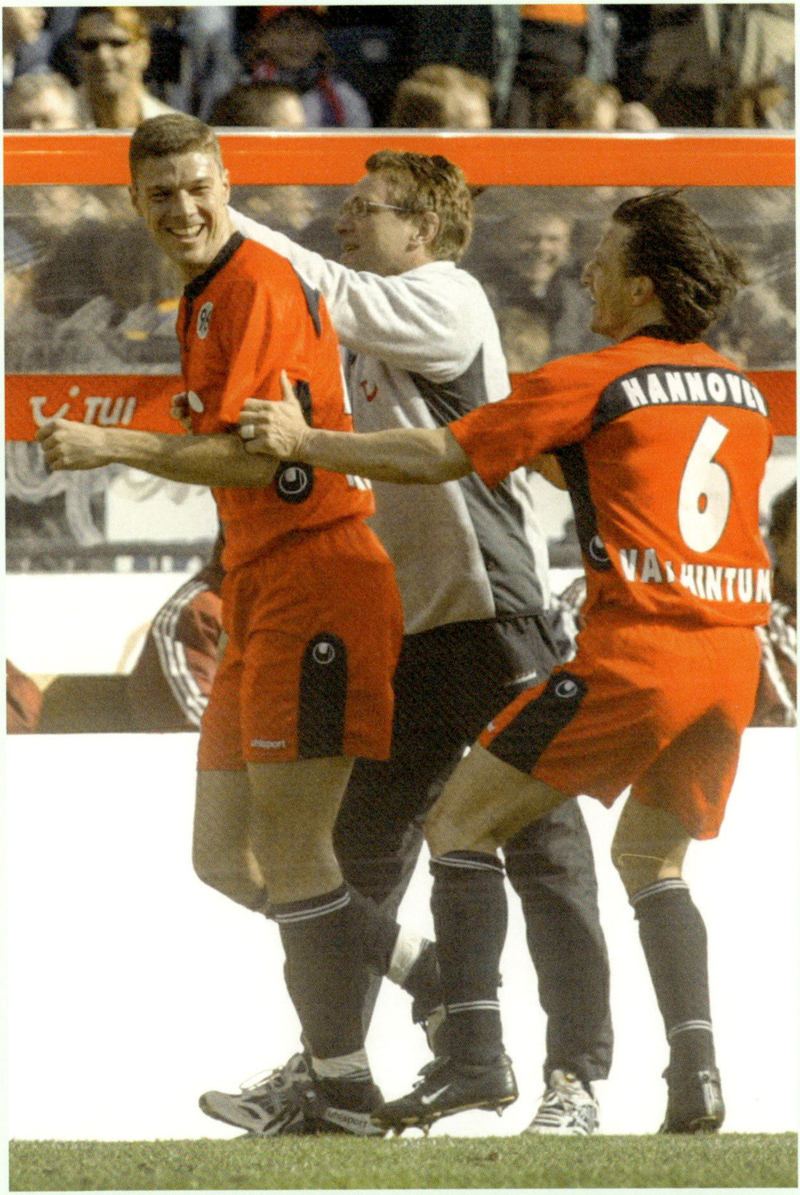

Vinni holt sich nach seinem Traumtor den verdienten Dank von Trainer Ralf Rangnick und Marc van Hintum ab. (imago/Rust)

Erstes Bundesligator von Per Mertesacker

29. August 2004: Borussia Dortmund – Hannover 96 1:1 (1:0)

Er galt lange Zeit als ein unauffälliger Nachwuchskicker bei 96 und nachdem er im Viertelfinale der DFB A-Jugendmeisterschaft 2003 gegen 1860 München im Elfmeterschießen verschoss, glaubten nicht viele 96-Fans, dass er es nie schaffen würde – aber sie sollten sich irren. Im November 2003 schaffte Per Mertesacker den ersten Bundesligaeinsatz gegen den 1. FC Köln unter Trainer Ralf Rangnick. Aber erst unter seinem Nachfolger Ewald Lienen ging der Stern von Per am Bundesligahimmel richtig als Libero der 96-Elf auf.

Im August 2004 avancierte er zum viel umjubelten Torschützen, als er in den Schlusssekunden des Auswärtsspiels bei Borussia Dortmund den 1:1-Ausgleich erzielte – sein erstes Bundesligator.

96 war die agilere Mannschaft und hatte zahlreiche gute Torchancen und so musste BvB-Keeper Warmuz schon bald sein Können gegen Clint Mathis und Ricardo Sousa unter Beweis stellen – erst Mitte der ersten Halbzeit kam der BvB zu Chancen und in der 29. Minute erzielte Rosicky aus 18 Metern die 1:0-Führung. Nach dem Seitenwechsel hatten die Dortmunder zuerst mehr vom Spiel. 96 hatte zunächst kaum Chancen und dann passte Clint Mathis in der 53. Minute quer zu Ricardo Sousa, aber der Portugiese trat bei freier Schussbahn über den Ball. Auf der anderen Seite musste Robert Enke sein ganzes Können gegen Ewerthon aufbieten (56.). Die größte Chance zum 2:0 vergab Koller, als er allein auf Robert Enke zulief, aber nur den Pfosten traf. (82.). Erst in den allerletzten Minuten versuchte 96, mit der Brechstange zum Ausgleich zu kommen. Und es klappte: Nach einer Ecke des eingewechselten Leandro setzte Per Mertesacker einen Kopfballaufsetzer unhaltbar zum 1:1 ins Netz. Den 96-Fans ist seine unbändige Freude über diesen Treffer bis heute unvergessen.

Hannover 96: Enke, Tarnat, Zuraw, Mertesacker, Cherundolo, de Guzman, Ricardo Sousa (80. Krupnikovic), Lala, Mathis (64. Christiansen), Stendel (64. Leandro), Stajner
Schiedsrichter: Keßler (Wogau)
Zuschauer: 74.000 im Westfalenstadion Dortmund
Tore: 1:0 Rosicky (29.), 1:1 Mertesacker (90. + 2.)

Einweihung der Arena am Maschsee

23. Januar 2005: Hannover 96 – Bayer 04 Leverkusen 0:3 (0:2)

1999 hatte sich Hannover als Standort für die WM 2006 beworben und erhielt von der FIFA den Zuschlag. Dies machte ein Umbau des Niedersachsenstadions notwendig. Hauptsächlich standen dazu eine Modernisierung des Stadions und eine neue Haupttribüne auf der To-do-Liste. Im November 2001 wurde der Gesellschaftsvertrag für die „Niedersachsenstadion Projekt- und Betriebsgesellschaft mbH & Co. KG" unterzeichnet. Die Finanzierung der auf 64 Millionen Euro veranschlagten Baukosten trugen im Rahmen eines Public-Private Partnership je zu einem Drittel die Stadt und die Region Hannover, das Land Niedersachsen sowie ein Bankenkonsortium. Als im April 2002 dann die Vergabe von Spielen im Rahmen der WM an Hannover endgültig beschlossen worden war, konnte im Frühjahr 2003 mit dem Umbau bei laufendem Spielbetrieb der Bundesliga begonnen werden. Durch den Neubau wurde auch der Stadionname in AWD Arena geändert. Am 23.1.2005 wurde die AWD Arena mit dem Spiel 96 gegen Bayer 04 Leverkusen feierlich mit einer symbolischen Schlüsselübergabe an Hannover 96 und einem Auftritt der Popstars Mousse T. und Emma Lanford eröffnet.

Diese offizielle Einweihung der neuen AWD-Arena vor 38.067 Zuschauer ging für Hannover 96 daneben – es gab eine 0:3 (0:2)-Niederlage gegen Bayer 04 Leverkusen. Hannover 96 verpasste in der Anfangsphase einige gute Gelegenheiten und wurde dann von den Gästen eiskalt bestraft, die zur Halbzeit durch Voronin und Bebatov mit 2:0 führten. In der 2. Halbzeit kam Hannover 96 bei starkem Schneetreiben nicht mehr ins Spiel. Den endgültigen K.o. nahm das 96-Team in der 58. Minute hin. Ein 30m-Schuss von Freier wurde von der 96-Abwehr unhaltbar für Robert Enke im 96-Tor abgefälscht. So endete die Arenapremiere mit einer 0:3-Niederlage für Hannover 96.

Hannover 96: Enke, Cherundolo, Mertesacker, Zuraw, de Guzman, Lala, Krupnikovic, Dabrowski (59. Wallner), Stajner, Christiansen, Stendel
Schiedsrichter: Dr. Wack (Biberach)
Zuschauer: 38.067 in der AWD Arena
Tore: 0:1 Voronin (18.), 0:2 Berbatov (36.), 0:3 Freier (58.)

Watsche für Bayern München

8. November 2006: Bayern München – 96 0:1 (0:1)

Nur neun Spiele konnte Hannover 96 in der Bundesliga gegen Bayern München siegreich bestreiten und davon nur ein einziges Mal auswärts in München. Daher hat der Sieg vom November 2006 in der Geschichte von Hannover 96 einen besonderen Platz. Die Ausgangslage ist deutlich: Der Tabellendritte FC Bayern München hat den Tabellenletzten aus Hannover zu Gast. Doch den Gästen aus Hannover gelingt an diesem Mittwochabend der große Coup.

96-Trainer Dieter Hecking setzt dabei auf eine dicht gestaffelte Abwehr und nach Balleroberung schnell vorgetragene Konter. Es gab aber nur wenig Torchancen auf beiden Seiten. Erst zum Ende der 1. Halbzeit wurde das Spiel etwas gefälliger: 96-Keeper Robert Enke erledigte die Prüfungen durch Makaay (32.) und gegen van Buytens Kopfball (39.) souverän, ehe der Rekordmeister kurz vor dem Halbzeitpfiff für seine schlechte Vorstellung die Quittung bekam. Die diszipliniert agierenden 96-Spieler nutzten einen Abwehrfehler der Hausherren zum entscheidenden Tor: Demichelis vertändelte den Ball fast an der Torauslinie gegen 96-Schlitzohr Jiri Stajner. Der Tscheche kurvte mit dem Ball schnell in den Bayern-Strafraum und legte im richtigen Augenblick auf Szabolcs Huszti zurück, der aus sechs Metern ins rechte Toreck zum 0:1 einschoss (43.).

In der zweiten Halbzeit ließ Hannover 96 nur Chancen von Makaay (57.) und Pizarro (59.) zu. Den knappen Vorsprung bringt die 96-Mannschaft über die Zeit und sichert sich den zweiten Saisonsieg, nicht zuletzt dank eines überragenden Robert Enke im Tor. Und die 96-Ersatzbank verfolgte die letzten Sekunden des Spiels dann stehend. Als Schiedsrichter Kinhöfer abpfiff, skandierten nicht nur die 96-Fans um 21:51 Uhr „Auswärtssieg, Auswärtssieg". Natürlich wird auch das Lied von den ausgezogenen Lederhosen gesungen …

Hannover 96: Enke, Cherundolo, Vinicius, Zuraw, Tarnat, Rosenthal (80. Andersson), Yankov, Balitsch, Huszti (86. Hashemian), Stajner, Bruggink (75. Fahrenhorst)
Schiedsrichter: Kinhöfer (Herne)
Zuschauer: 68.000 in der Allianz Arena München
Tor: 0:1 Hustzi (43.)

Erstes Tor nach 113 Bundesliga-Spielen

31. Januar 2007: Hannover 96 – Hertha BSC 5:0 (3:0)

96 verpasste im Januar 2007 den Ambitionen von Hertha BSC auf einen Platz im internationalen Geschäft einen herben Dämpfer. Die zuvor dreimal in Folge erfolglosen Spieler von 96-Trainer Hecking bezwangen die Hertha-Elf klar mit 5:0. 96, das bis zu diesem Spiel vor heimischem Publikum in der laufenden Saison erst 7 Tore erzielt hatte, nutzte die sich bietenden Chancen eiskalt aus.

Vor 30.584 Zuschauern sorgte der brasilianische Innenverteidiger Vinicius mit seinen ersten beiden Saisontoren für Begeisterung auf den Rängen. Die Fans riefen lautstark „Viniiiii", wenn es Eckball für 96 gab oder ein Angriff über die Außenpositionen auf das Berliner Tor zurollte, den er sorgte für viel Torgefahr. Sein Innenverteidigerkollege Frank Fahrenhorst erzielte in der 45. Minute die deutliche 3:0-Halbzeitführung. Mit dem vierten Tor besiegelte 96-Mittelfeldakteur Jan Rosenthal das Debakel für den Hauptstadt-Club.

Am Ende des Spiels kam der Moment von Mittelfeldakteur Altin Lala. Es war einer der seltenen Momente für den albanischen Kapitän von Hannover 96, der sein erstes Bundesligator überhaupt erzielte und damit seine tolle Leistung krönte. Nach seinem Tor zum 5:0, nach einem Doppelpass mit Arnold Bruggink, stand die Arena Kopf. Ein Tor des kleinen Albaners in der Bundesliga – das hatte es in seinen bisherigen 112 Bundesligaspielen noch nie gegeben. Und der Albaner war danach sprachlos: „Man freut sich einfach nur über sein Tor und da denkt man an gar nichts. Dieses 5:0 hat richtig Spaß gemacht." Es blieb das einzige Bundesligator des späteren Co-Trainer der albanischen Nationalelf. 96 feierte sein Tor mit einer Postkarte, die 96-Fans immer an dieses spezielle Tor erinnert.

Hannover 96: Enke, Cherundolo, Vinicius, Fahrenhorst, Tarnat, Balitsch, Lala, Yankow (67. Bruggink), Rosenthal (72. Stajner), Huszti (78. Halfar), Hashemian
Schiedsrichter: Schmidt (Stuttgart)
Zuschauer: 30.584 in der AWD Arena Hannover
Tore: 1:0 Vinicius (16.), 2:0 Vinicius (37.), 3:0 Fahrenhorst (45.), 4:0 Rosenthal (64.), 5:0 Lala (76.)

Das 1.000. Bundesliga-Tor für Hannover 96

23. Mai 2009: Arminia Bielefeld – Hannover 96 2:2 (1:0)

Am letzten Spieltag der Saison 2008/09 gab es im Mai 2009 für Hannover 96 ein besonderes Jubiläum zu feiern. Als Sergio Pinto in der 84. Minute Hannover 96 mit 2:1 in Führung brachte, war dies der 1.000 Treffer für Hannover 96 in der Bundesliga.

Bereits in der zweiten Minute ging die Arminia in Führung – unter Mithilfe der 96er: Abwehrchef Mario Eggimann lenkte eine Hereingabe ins eigene Tor ab. Danach zog sich Bielefeld weit in die eigene Hälfte zurück und ließ Hannover 96 kommen. Torchancen blieben aber Mangelware. Den nächsten Aufreger der Partie gab es in der 36. Minute – und wieder war „Pechvogel" Mario Eggimann beteiligt. Der Schweizer Nationalspieler stieß bei einer Abwehraktion mit seinem Torwart Robert Enke zusammen. Der 96-Keeper trug dabei eine gut zehn Zentimeter blutende Platzwunde am Kopf davon und musste gegen Florian Fromlowitz ausgewechselt werden. Nach dem Seitenwechsel kam Hannover 96 zum verdienten Ausgleich: Jiri Stajner per Kopfball zum 1:1.

Arminia Bielefeld, das durch die Zwischenstände auf den anderen Plätzen zu diesem Zeitpunkt abgestiegen war, warf alles nach vorne. 96 konterte effektiv und wurde in der 84. Minute belohnt, als Sergio Pinto nach einer Flanke von Jan Schlaudraff das 2:1 für Hannover 96 markierte – das 1.000 Tor für Hannover 96 in der Bundesligahistorie des Vereins. Arminia schlug durch ein Tor von Wichniarek (90.) nochmals zurück. Arminia Bielefeld, bei dem „Feuerwehrmann" und Ex-96-Trainer Jörg Berger zum ersten und auch zum letzten Mal auf der Trainerbank saß, musste nach diesem Punktverlust zum 7-Mal in die Zweite Liga absteigen.

Hannover 96: Enke (37. Fromlowitz), Herrmann, Eggimann, Vinicius, Christian Schulz (56. Hanke), Pinto, Bastian Schulz, Stajner, Bruggink, Krzynowek, Forssell (72. Schlaudraff)
Schiedsrichter: Kempter (Sauldorf)
Zuschauer: 27.200 auf der Bielefelder Alm
Tore: 1:0 Eggimann (2./Eigentor), 1:1 Stajner (57.), 1:2 Pinto (84.), 2:2 Wichniarek (90.)

Erstes Heimspiel nach Robert Enkes Tod

29. November 2009: Hannover 96 – Bayern München 0:3 (0:1)

Die Partie am 29.11.2009 in der AWD Arena, aus der die 96-Spieler kurz zuvor noch den Sarg ihres Mitspielers Robert Enke getragen hatten, war für alle Spieler, Offizielle und Fans von Hannover 96 eine brutal schwere Prüfung.

„Robert ist für uns präsent, und er wird auch weiterhin präsent bleiben", sagte Hanno Balitsch im Vorfeld der Partie „und so eine Situation hat noch keiner von uns mitgemacht". Fast schon gespenstisch ruhig war es rund um die Arena vor dem Spiel, das normalerweise als „Spiel des Jahres" bezeichnet wird – das Spiel gegen Bayern München. Normal war jedoch nichts an diesem Sonntagnachmittag in Hannover.

An ihre Fans hatten die Hannover 96-Spieler vor dem ersten Heimspiel nach dem Tod ihres Torwarts eine besondere Bitte gerichtet: Sie sollten den Wunsch des Teams respektieren und keine besondere Choreografie für den verstorbenen Torwart Robert Enke durchführen.

So gab es rund um das Spiel kaum Plakate zu sehen – nur als Hannover 96 in die Arena einlief, waren unzählige Schilder mit einer schwarzen „1", die von den Fans in der mucksmäuschenstillen Arena hochgehalten wurden, sichtbar. So als wollten alle ausdrücken: Robert, du bist und bleibst immer unsere Nr. 1.

Während des Spiels bleibt die Stimmung in der Arena sehr zurückhaltend und war von einer hohen Sensibilität geprägt: 96-Torwart Florian Fromlowitz wurde von den Fans mit lautem Beifall begrüßt und während der 90 Minuten unterstützt.

Als Schiedsrichter Kinhöfer das Spiel abpfiff, war ein Spiel ohne die gewohnten Emotionen mit 0:3 verloren gegangen.

Hannover 96: Fromlowitz, Pinto (78. Krzynowek), Haggui, Schulz, Rausch, Balitsch, Stajner, Rosenthal (86. Rama), Djakpa (68. Hanke), Bruggink, Ya Konan
Schiedsrichter: Kinhöfer (Herne)
Zuschauer: 49.000 in der AWD Arena Hannover
Tore: 0:1 Müller (19.), 0:2 Olic (47.), 0:3 Gomez (90.)

Sechs Tore geschossen und trotzdem verloren

12. Dezember 2009: Bor. Mönchengladbach – Hannover 96 5:3 (2:1)

„Das war ein Spiel, das man so schnell nicht vergessen wird", sagte Hannovers Trainer Andreas Bergmann nach der Begegnung seiner Mannschaft am 12.12.2009 in Gladbach. Ein Spiel mit drei Eigentoren einer Mannschaft hatte es in der Bundesligageschichte seit 1963 noch nicht gegeben.

In der 14. Minute eröffnete Karim Haggui das Eigentorfestival, er lenkte eine Fußabwehr von 96-Torwart Florian Fromlowitz unglücklich zum 1:0 ins eigene Tor ab. Gladbach erhöhte durch Friend auf 2:0, Hannover 96 gelang vor der Halbzeit noch durch Didier Ya Konan der 1:2-Anschlusstreffer. Dann wurde das Spiel kurios: Constant Djakpa hob in der 58. Minute den Ball bei einer Rückgabe über seinen eigenen Keeper Florian Fromlowitz zum 3:1. Gladbach schoss durch Bradley 10 Minuten später das 4:1. Hannover 96 kam in der 69. und 87. Minute auf 4:3 durch Tore von Didier Ya Konan und Christian Schulz heran. Hannover 96 setzte noch mal auf Offensive, aber in der Nachspielzeit grätschte Karim Haggui einen Steilpass der Gladbacher unhaltbar ins eigene Tor zum Endstand von 5:3.

Es war bis zu diesem Tag die erste 3:5-Auswärtsniederlage von Hannover 96 in der Bundesliga und dass ein Team sechs Tore erzielt und dann als Verlierer vom Platz gehen muss, das kommt sehr, sehr selten vor. „Wenn es nicht so traurig wäre", sagte der tunesische Nationalspieler Karim Haggui von Hannover 96 nach dem Abpfiff, „dann könnte man darüber vielleicht sogar lachen. Aber es waren drei unglückliche Situationen." Hanno Balitsch erinnert angesichts des dreifachen Eigentor-Unglücks an die TV-Serie „Väter der Klamotte".

Hannover 96: Fromlowitz, Cherundolo (69. Schlaudraff), Haggui, Schulz, Rausch (58. Hanke), Pinto, Balitsch, Bruggink, Rosenthal (23. Djakpa), Stajner, Ya Konan
Schiedsrichter: Kempter (Sauldorf)
Zuschauer: 42.000 im Borussia Park Gladbach
Tore: 1:0 Haggui (15./Eigentor), 2:0 Friend (22.), 2:1 Ya Konan (36.), 3:1 Djakpa (58./Eigentor), 4:1 Bradley (68.), 4:2 Ya Konan (69.), 4:3 Schulz (87.), 5:3 Haggui (90./Eigentor)

Gemeinsam für die 1. Liga

8. Mai 2010: VfL Bochum – Hannover 96 0:3 (0:3)

Die Ausgangslage vor dem letzten Spiel der Saison war deutlich – nur ein Sieg beim ebenfalls abstiegsbedrohten VfL Bochum würde Hannover 96 die Bundesliga sichern. 96 legte überzeugend los. Nach den frühen Toren von Arnold Bruggink und Mike Hanke (23.) war es Sergio Pinto per Schlenzer vorbehalten, den 3:0-Auswärtssieg bereits zur Halbzeit klar zu machen. An der Eckfahne gab es nach dem Abpfiff im Bochumer Stadion Tanzeinlagen. Die 96er boten in ihren roten Shirts mit der Aufschrift „Gemeinsam für die 1. LIGA" nach dem Sieg beim VfL Bochum auf den grünen Rasen Freude pur.

Das Spiel war zu einem überzeugenden und würdigen Abschluss einer sehr, sehr schwierigen Saison für 96 geworden. Mit dem Sieg schaffte 96 den Klassenerhalt und dies trotz der Belastung nach dem Tod ihres Stammkeepers Robert Enke. Emotionaler haben wahrscheinlich niemals Fußballer einen Sieg gefeiert als an diesem Tag in Bochum.

Als die 96-Spieler noch tanzten, stimmten die mehr als 10.000 mitgereisten 96-Fans ein Lied an, das bei allen, die dabei waren, Gänsehaut, tiefe Trauer und Nachdenklichkeit auslöste, weil es nichts mit der Ausgelassenheit auf dem Rasen zu tun hatte. Sie sangen inbrünstig „Robert Enke, du bist der beste Mann". Es spiegelte die Situation wider, denn der Tod von Torwart Robert Enke hatte alle bewegt und die Trauer um ihn fast die ganze Saison begleitet. Nach dem Sieg in Bochum gedachte man dem verstorbenen Torwart eindrucksvoll. Die Spieler schritten mit einem schwarzen Transparent mit der Aufschrift „ROBERT" und darunter „R.I.P." (Ruhe in Frieden) an den Zuschauerblöcken, die mit 96- Anhängern gefüllt waren, vorbei und legten es dann im Strafraum nieder. Das war sicher der ergreifendste Moment nach einem unglaublichen Spiel. „Wir haben dieses Spiel für Robert Enke gewonnen und er ist jetzt im Himmel." Dieser bewegende Satz von Florian Fromlowitz, dem Torwart, der nach dem Schlusspfiff in Bochum von Weinkrämpfen übermannt wurde, ging jedem unter die Haut.

Auch die Fans, die wegen der wenigen Eintrittskarten nicht mit nach Bochum reisen konnten, fieberten daheim am Radio oder TV mit. Nachdem der Abstieg verhindert war, öffnete 96 für alle die heimische Arena zum Empfang der siegreichen Spieler. Nach Öffnung der Arena um 20 Uhr strömen die Massen ins Stadion. Schnell füllten sich die Unterränge mit Fans, die an dieser spontanen Willkommens-Party teilnehmen wollten. Und sie feierten den Nicht-Abstieg – die Stimmung in der Arena war einzigartig. „96 olé“, sangen die Fans, als um 21:15 Uhr der 96-Mannschaftsbus aus Bochum eintraf, kurz darauf liefen die Spieler in der Arena. Und die Abschlusstabelle nach dem letzten Spieltag werden alle 96-Fans auch in Jahren noch wissen – und wenn sie sich nicht mehr sicher sind – hier noch mal zum Nachlesen:

14.	(14.)	SC Freiburg	34	9	8	17	35:59	35
15.	(15.)	**Hannover 96**	34	9	6	19	43:67	33
16.	(16.)	1. FC Nürnberg	34	8	7	19	32:58	31
17.	(17.)	VfL Bochum	34	6	10	18	33:64	28
18.	(18.)	Hertha BSC	34	5	9	20	34:56	24

Hannover 96: Fromlowitz – Cherundolo, Eggimann, Haggui, Schulz – Pinto (60. Rausch), Schmiedebach, Balitsch, Bruggink (75. Stajner) – Ya Konan (46. Sofian Chahed), Hanke
Schiedsrichter: Gräfe (Berlin)
Zuschauer: 30.748 im Ruhrstadion Bochum
Tore: 0:1 Bruggink (9.), 0:2 Hanke (23.), 0:3 Pinto (45.)

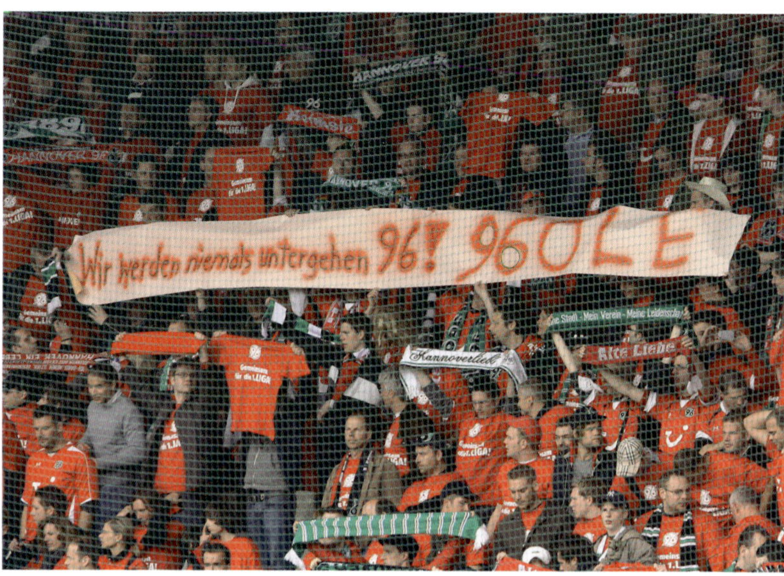

Die Fans machten das Schicksalsspiel in Bochum zum Heimspiel. (Lars Kaletta)

„Tatort“ beim Bundesligaspiel 96 – HSV

20. November 2010: Hannover 96 – Hamburger SV 3:2 (1:1)

Kommissarin Charlotte Lindholm (gespielt von Schauspielerin Maria Furtwängler) war im November 2010 beim Spiel Hannover 96 gegen HSV die Hauptperson in Hannover – denn trotz des Bundesligaspiels standen die Dreharbeiten für den ARD-Tatort im Mittelpunkt des Interesses. Sie kam nicht als Fan, sondern als „Tatort“-Kommissarin zu Aufnahmen während des Bundesligakrimis in die Arena. Noch nie zuvor wurde ein Tatort während eines Bundesligaspiels gedreht.

Vor, während und nach dem realen Bundesligaspiel wurden wichtige Szenen für den ARD-Tatortkrimi mit dem Titel „Mord in der ersten Liga“ gefilmt. Der TV-Krimi sollte von einem Mord in der Fußballszene handeln. Wie die Zuschauer rund um die Dreharbeiten in der Arena live erleben konnten, spielte Hannover 96 darin eine große Rolle. Zwar wurde der Verein nicht erwähnt, doch im Stadion, das Hannover 96 kostenlos als Kulisse zur Verfügung stellte, wurden weder Vereins-Logos noch Werbebanner abgeklebt. „Wir drehen im Stadion von Hannover 96, und das soll man auch merken“, sagte Redakteurin Daniela Mussgiller über die Aufnahmen im Bundesligastadion.

Der aufwendigste Drehtag fand rund um das Nordderby zwischen Hannover 96 und dem Hamburger SV statt. Eine der Anfangsszenen des Tatorts wurde auf der Tribüne während der Bundesliga-Partie live gedreht und auch einige reale Spielszenen waren im Krimi zu sehen. Ein Tor, das Schauspieler Luk Pfaff für die Handlung des TV-Krimi erzielte, wurde vor dem Anpfiff des Spiels in der Arena vor den Zuschauern aufgenommen.

Doch auch das echte Spiel war ein echter Krimi für alle Fußball-Fans: Hannover 96 gewann das Nordderby vor vollen Rängen durch ein Tor in der 90+1. Minute von Mike Hanke mit 3:2.

Hannover 96: Fromlowitz, Eggimann, Pogatetz, Rausch, Schulz, Chahed, Pinto, Schmiedbach, Schlaudraff (73. Hanke), Stindl, Ya Konan (90. Lala)
Schiedsrichter: Dr. Drees (Münster)
Zuschauer: 49.000 in der AWD-Arena Hannover
Tore: 1:0 Stindl (31.), 1:1, 1:2 Son (40./54.), 2:2 Schulz (59.), 3:2 Hanke (90.)

UEFA EuropaLeague Qualifikation

Die Nacht von Sevilla

25. August 2011: FC Sevilla – Hannover 96 1:1 (1:1)

Das Hinspiel der Play-off-Qualifikation für das Erreichen der Gruppenphase hatte Hannover 96 gegen den spanischen Spitzenklub FC Sevilla durch zwei Tore von Jan Schluadraff bei einem Gegentor von Kanouté vor 43.500 Zuschauen in der AWD Arena 2:1 gewonnen. Eine Woche später galt es, diesen knappen Vorsprung im engen Hexenkessel des Ramon Sanchez Pizjuan Stadions zu verteidigen.

Sevilla machte zu Hause schnell klar, dass man Hannover 96 quasi erdrücken wollte. Bei hochsommerlichen Temperaturen dominierten die Hausherren zunächst das Spiel. Nach 15 Minuten traf Negredo den Innenpfosten. 96 hielt mit Einsatz dagegen. Das heißblütige spanische Publikum unterstützte ihr Team leidenschaftlich. Jeder Zweikampf, in dem ein Spanier zu Boden fiel, löste im Stadion Empörung aus – wenn ein 96-Spieler auf dem Rasen fiel, pfiffen und buhten die Zuschauer.

So gab es auch ein lautes Pfeifkonzert, als Sergio Pinto nach einem Zweikampf liegen blieb und eine Verletzung signalisierte. 96 spielte aber den Angriff weiter. Konstantin Rausch flankte und am ersten Pfosten lenkte Mohammed Abdellaoue den Ball ins lange Eck zur 1:0-Führung. Die Reaktion war ein noch wütenderes Pfeifkonzert im Stadion. Der FC Sevilla verstärkt die Offensive, aber 96-Keeper Ron-Robert Zieler bewies seine Klasse gegen Negredo und Kanouté.

Das Tor, das Sevilla selbst nicht erzielte, fiel dann doch – durch einen 96er. Perotti flankt scharf in den 96-Strafraum und Emanuel Pogatetz prallte der Ball unglücklich vom Bein zum 1:1-Ausgleich ins eigene Tor. Danach drängte der FC Sevilla auf weitere Tore und das damit verbundene Weiterkommen. Die 2. Halbzeit war ein einziger Sturmlauf Sevillas aufs 96-Tor. Perotti per Freistoß, Kanouté mit einem „Hand Gottes"-Versuch und Negredo mit einem Kopfball verfehlten das 96-Tor nur knapp. 96 konnte sich erst spät in der 2. Halbzeit vom Druck befreien und kam zu eigenen Torchancen – Schiedsrichter Gumienny verweigerte 96 eine Viertelstunde vor dem Ende einen Foulelfmeter, als Sevillas-Keeper Palop Jan Schlaudraff im Strafraum umstieß. Insgesamt verteilte der Schiedsrichter ein Dutzend Gelbe Karten – und eine Rote Karte für Sevillas Medel in der 90. Spielminute.

Aber dieser Platzverweis ging bereits im Jubel der mitgereisten 3.200 Hannover 96-Fans unter. Die 96-Anhänger beherrschten kurz vor dem Abpfiff die Stimmung im Stadion. Nach dem Schlusspfiff war die Freude unbeschreiblich. Aus 96-Sicht hieß es danach: Europa – wir kommen!

Die 96-Fans feierten Ihre Helden im Stadion und auf dem Flughafen in Sevilla und dort herrschte bis zum Abflug der Sondermaschine der Mannschaft nach Hannover ausgelassene Partystimmung.

Hannover 96: Zieler, Cherundolo, Haggui, Pogatetz, Schulz, Stindl, Schlaudraff, Rausch (89. Pander), Abdellaoue (90. Ya Konan), Schmiedebach, Pinto
Schiedsrichter: Gumienny (Belgien)
Zuschauer: 42 000 im Ramon Sanchez Pizjuan Stadion Sevilla
Tore: 0:1 Abdellaoue (23.), 1:1 Pogatetz (37./Eigentor)
Besondere Vorkommnisse: Rote Karte: Medel (90.)

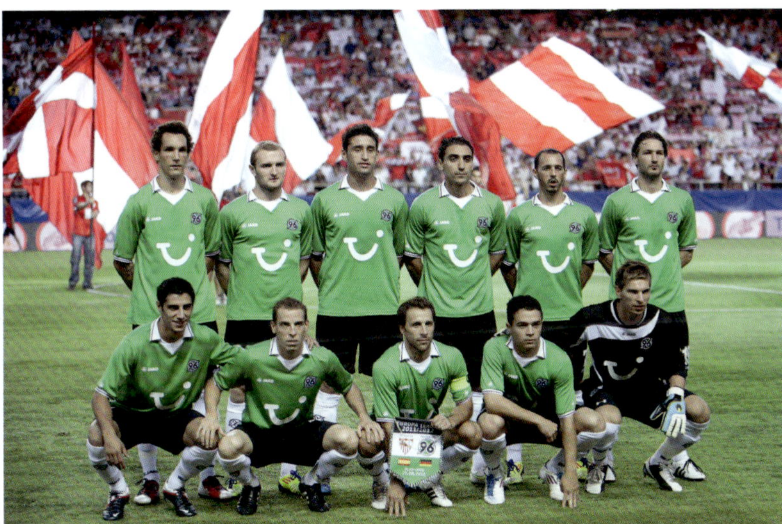

Vor dem Spiel in Sevilla: Pogatetz, Rausch, Haggui, Abdellaoue, Pinto, Schulz (o.); Stindl, Schlaudraff, Cherundolo, Schmiedebach, Zieler (imago/Jan Hübner)

Der geilste Torjubel aller Zeiten

3. November 2011: FC Kopenhagen – Hannover 96 1:2 (0:0)

Den geilsten Torjubel ever in der Geschichte von Hannover 96 gab es im Parkenstadion von Kopenhagen: Lars Stindls Telefonjubel. Den Europapokalgesang kannten alle 96-Fans und -Spieler. Er klingt so: „Erste Runde Budapest, zweite Runde Rom, Dann in Kopenhagen, klingelt das Telefon. Vielleicht Valencia, vielleicht auch Mailand, Teneriffa eine Runde Sandstrand ... Europapokal, Europapokal, Europapokal, Europapokal!" Seit dem Winter 2010 hallte dieses Lied bei 96-Spielen durch die Stadien Deutschlands. Und beim Spiel im Parkenstadion war es live dann soweit – Hannover 96 reiste nach Kopenhagen und das Telefon klingelte wirklich.

Mehr als 10.000 Hannover 96-Fans fuhren mit dem Team nach Kopenhagen. Die 96-Fans machten das Auswärtsspiel zu einem Heimspiel und erzeugten ein Gänsehaut-Feeling. Als Lars Stindl den Ball in der 75. Minute an der Strafraumgrenze bekam, legte er sich diesen vom rechten auf den linken Fuß und hämmerte den Ball volley zur 2:1-Führung in den rechten Torwinkel. Ein Wahnsinnstor – danach Ektase pur: Lars Stindl lief zum 96-Fanblock und hielt die rechte Hand mit ausgestrecktem Daumen und Finger ans Ohr und mit der anderen Hand bediente er die Wählscheibe. Und den Fans war klar, was der Spieler damit nachahmte. Die Zeile des berühmten Europapokalsongs: In Kopenhagen klingelt das Telefon.

Und nach dem Schlusspfiff: Riesige Begeisterung bei den 96-Fans. Als das Team bereits in den Kabinen war, holten die Fans die Sieger mit lautstarken Gesängen noch einmal auf den Platz zurück. „Wir woll'n den Stindl sehen", riefen die Fans und alle 96er kamen zurück auf den Rasen und feierten das tolle 2:1 in Kopenhagen. Einen Sieg, den 96 schon zwei Wochen zuvor im Heimspiel verdient gehabt hätte. Da musste Hannover 96 allerdings kurz vor dem Abpfiff noch den Ausgleichstreffer durch den FC Kopenhagen hinnehmen.

Hannover 96: Zieler, Sofian Chahed, Pogatetz, Haggui, Schulz, Pinto, Schmiedebach, Stindl, Pander (46. Rausch), Schlaudraff (90.+4 Eggimann), Abdellaoue (90.+2 Ya Konan)
Schiedsrichter: Braamhaar (Niederlande)
Zuschauer: 27.853 im Parkenstadion Kopenhagen
Tore: 1:0 N'Doye (67.), 1:1 Schlaudraff (71.), 1:2 Stindl (75.)

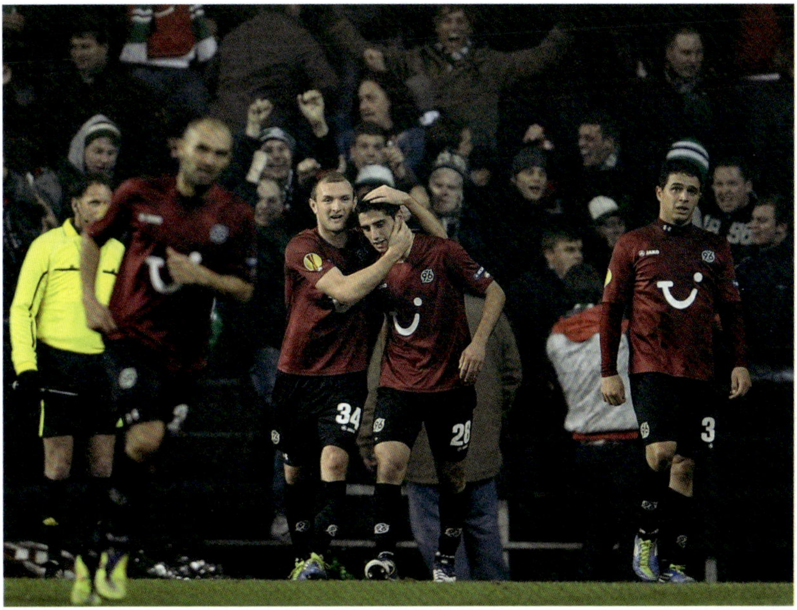

Kopenhagen calling: Konstantin Rausch herzt Lars Stindl nach seinem Tor.
(imago/Lars Moeller)

Erster Bundesliga-Ballkontakt, erstes Tor

26. August 2012: Hannover 96 – Schalke 04 2:2 (1:0)

Genie und Wahnsinn waren beim Spiel am 26.8.2012 von Hannover 96 gegen Schalke 04 für das 2:2 verantwortlich. 96 musste zwischen den beiden Qualifikationsspielen zur UEFA EuropaLeague-Saison 2012/13 gegen Slask Breslau zum Start der Bundesliga zu Hause gegen Schalke 04 antreten.

96-Trainer Mirko Slomka wechselte das Endergebnis ein: Als Adrian Nikci in der 77. Minute ins Spiel kam und drei Minuten später mit seinem allerersten Ballkontakt überhaupt in der Bundesliga das 2:2 für 96 erzielte, waren die Zuschauer in der ausverkauften HDI Arena begeistert. Adrian Nikci bezeichnete sein Tor später als „Instinkttor": Was ihm nach Spielende noch nicht bekannt war, war die Tatsache, dass er seit den Spieldaten-Aufzeichnungen in der Bundesliga erst der 4. Spieler überhaupt war, der mit seinem ersten Ballkontakt in der Bundesliga gleich ein Tor erzielt hatte.

Die Gäste aus Gelsenkirchen waren spielbestimmend. Erst kurz vor der Pause stellte 96 seine Gefährlichkeit bei Standards unter Beweis. Der Ex-Schalker Christian Pander schlug in der 43. Minuten den Ball in den Strafraum, der Brasilianer Felipe stieg hoch und sorgte per Kopfball für die 1:0-Pausenführung.

Nach dem Seitenwechsel investierte Schalke 04 deutlich mehr. Nach einem Konter traf Huntelaar zum 1:1. Kurze Zeit später hatte Holtby die Schalker Führung auf dem Fuß, scheiterte aber an Ron-Robert Zieler. In der 64. Minute war aber auch Zieler machtlos. Holtby köpfte zum 2:1 für die Gäste ein.

Kurz darauf wechselte 96-Coach Slomka Adrian Nikci ein und der Schweizer Angreifer erzielte nach Vorbereitung von Jan Schlaudraff mit seinem ersten Ballkontakt in der Bundesliga gleich sein erstes und zugleich letztes Bundesliga Tor – er konnte sich trotz seines starken Debüts nie bei 96 durchsetzen und absolvierte insgesamt nur vier Bundesligaspiele für die Roten.

Hannover 96: Zieler, Cherundolo, Felipe (77. Nikci), Pander, Eggimann, Andreasen, Pinto (69. Huszti), Schmiedebach, Schlaudraff, Stindl, Ya Konan (65. Sobiech)
Schiedsrichter: Dr. Brych (München)
Zuschauer: 49.000 in der AWD-Arena Hannover
Tore: 1:0 Felipe (43.), 1:1 Huntelaar (52.), 1:2 Holtby (64.), 2:2 Nikci (80.)

Bundesliga

Ein verrückter Platzverweis

15. September 2012: Hannover 96 – Werder Bremen 3:2 (2:1)

Am dritten Spieltag der Saison 2012/2013 traten alle Bundesligaclubs mit dem Logo „GEH DEINEN WEG" auf den Trikots für die Deutschlandstiftung an. Ein 96-Spieler nahm diese Botschaft offenbar zu wörtlich: Szabolcs Hustzi ging seinen Weg zum bisher schönsten Tor seiner 96-Karriere und bekam im Anschluss den bis dahin kuriosesten Platzverweis der Bundesliga-Geschichte.

96 startete furios in das Spiel und führte gegen Werder Bremen bereits nach 10 Minuten mit 2:0 durch Huszti und Andreasen. Doch nach dem Anschlusstreffer durch einen Handelfmeter verlor 96 die Spielkontrolle. Bremen kam zum Ausgleich durch de Bruyne. Als sich schon fast alle mit dem 2:2 in der Arena abgefunden hatten, schlug Huszti zu. Der 96-Mittelfeldspieler fing einen Angriff der Bremer ab und leitete den letzten Angriff ein – es lief bereits die 92. Spielminute. Der Ungar passte den Ball auf den Flügel, stürmte selbst in den gegnerischen Strafraum und hoffte auf eine Flanke. Als diese kam, sprang er hoch, lag quer in der Luft und riskierte einen Seitfallrückzieher: Er hämmerte den Ball ins Werder Tor – ein sensationeller Siegtreffer in der Nachspielzeit.

Danach riss er sich das Trikot vom Körper und sprang über die Banden und dann auf den Zaun vor der Fankurve. Schiedsrichter Aytekin griff in seine Brusttasche und zeigte Huszti gelb. Dabei zupfte er an seinem eigenen Schiedsrichtertrikot, um anzuzeigen, wofür er die Gelbe Karte gab. Im Anschluss zog er die Rote Karte. Gelb für das Trikotausziehen und das zweite Gelb für den Sprung auf den Zaun – also die Gelb-Rote Karte. Es war der kurioseste Platzverweis der Saison und Hustzi der erste Bundesligaprofi, der beim Torjubel Gelb und dann noch Gelb-Rot sah. Referee Aytekin rechtfertigte nach dem Spiel: „Das tut einem selbst fast schon weh. Mir blieb aber nichts anderes übrig."

Hannover 96: Zieler, Cherundolo, Eggimann, Haggui, Rausch, Andreasen (75. Schmiedebach), Pinto, Stindl, Huszti, Schlaudraff (67. Ya Konan), Sobiech (79. Abdellaoue)
Schiedsrichter: Aytekin (Oberasbach)
Zuschauer: 49.000 in der HDI Arena Hannover
Tore: 1:0 Huszti (6.), 2:0 Andreasen (10.), 2:1 Hunt (26./Elfmeter), 2:2 de Bruyne (74.), 3:2 Hustzi (90+2.)
Besonders Vorkommnis: Gelb-Rot: Hustzi (Hannover 96)

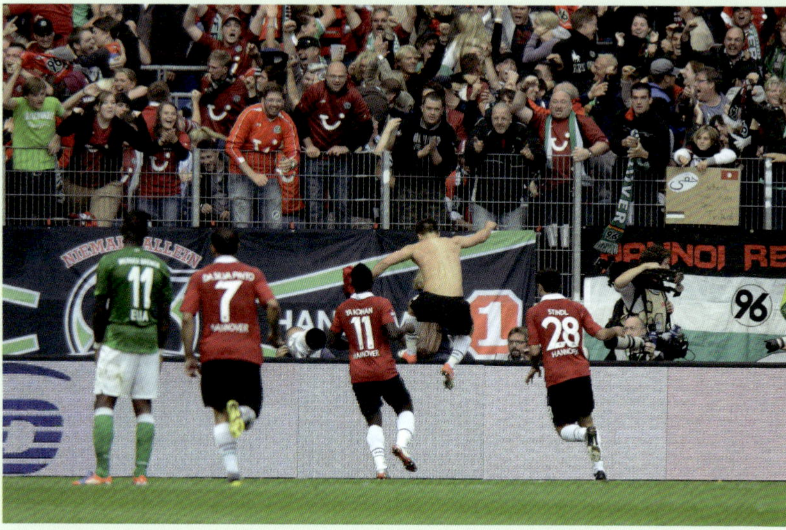

Mit nacktem Oberkörper ab zu den Fans: Auf Husztis Jubel folgt Gelb-Rot.

(imago/Sven Simon)

Premiere der Torlinientechnologie

15. August 2015: Darmstadt 98 – Hannover 96 2:2 (1:0)

Seit dem ersten Spieltag der Saison 2015/2016 wird die Hawk-Eye Technologie in der Bundesliga verwendet. Und im August 2015 kam sie erstmals im Spiel zwischen Darmstadt 98 und Hannover 96 zum Einsatz.

In allen Bundesligastadien waren vor der Saison jeweils 14 Kameras (sieben pro Tor) installiert worden. Befindet sich der Ball in Tornähe, wird er von den Kameras erfasst. Eine Software errechnet die exakte Ballposition und sendet das entsprechende Signal auf die Uhr des Unparteiischen. Die Hawk-Eye Premiere war aber eher unspektakulär: Dass erstmals die Torlinientechnologie zum Einsatz gekommen war, bekamen die Zuschauer im Stadion gar nicht mit. In der 28. Minute des Spiels zwischen Darmstadt 98 und 96 köpfte Kenan Karaman nach Ecke von Miiko Albornoz an die Latte des Darmstädter Tores. Der Ball sprang in Torliniennähe auf, Christian Schulz jubelte. Aber Referee Brych ließ weiterspielen, auf seiner Uhr blieb die Information „Goal" des Systems Hawk-Eye aus. Anders als bei der WM 2014 in Brasilien wurde diese Szene nicht auf der Stadionleinwand gezeigt, so ahnten die Zuschauer nicht, dass sie Augenzeugen eines historischen Bundesliga-Moments waren.

Hannover 96 glich in dieser Partie zweimal einen Rückstand aus: Nach dem Darmstädter 1:0 durch einen Schlenzer von Heller kam der kurz zuvor eingewechselte 96-Stürmer Charlison Benschop zum 1:1-Ausgleich. Miiko Albornoz setzte wenig später unfreiwillig Heller in Szene, der umkurvte 96-Keeper Ron-Robert Zieler und schob zum 2:1 ein. Wieder kurz danach ging Mevlüt Erdinc nach einem Halten von Sulu zu Boden und bekam vom Referee Elfmeter zugesprochen, den Erdinc aber selbst verschoss. Als Darmstadts Keeper Mathenia an einer Flanke von Edgar Prib vorbeisprang, beförderte der Darmstädter Kapitän Sulu den Ball zum 2:2-Endstand ins eigene Tor.

Hannover 96: Zieler, Sorg, Marcelo, C. Schulz, Albornoz, Sané, Schmiedebach (81. Andreasen), Karaman, Prib, Klaus (46. Benschop), Erdinc (73. Sobiech)
Schiedsrichter: Dr. Brych (München)
Zuschauer: 16.950 im Böllenfalltor in Darmstadt
Tore: 1:0 Heller (31.), 1:1 Benschop (48.), 2:1 Heller (54.), 2:2 Sulu (62./ET)
Besondere Vorkommnisse: Erdinc (96) verschießt Elfmeter

2. Bundesliga

Aufstiegsparty in Sandhausen

21. Mai 2017: SV Sandhausen – Hannover 96 1:1 (0:0)

Bereits bei der Ankunft der Mannschaft in Sandhausen sah das 96-Team im Hardtwaldstadion nur Rot. Die 96-Fans beherrschten den Ort und das Stadion eindeutig. Die über 8.500 mitgereisten Fans hofften, dass ihr Team den einen zum Aufstieg noch notwendigen Punkt im letzten Spiel der Saison holen würde. Die Erwartungshaltung schien das 96-Team zu Beginn des Spiels aber eher zu lähmen. 96 agierte nervös und das Team zitterte sich durch die 90 Spielminuten.

Als der Sandhäuser Pledl mit einem Freistoß in der 2. Halbzeit die 1:0-Führung für die Gastgeber erzielte, kämpfte sich das 96-Team aber schnell zurück ins Spiel. Florian Hübner, ein ehemaliger Spieler des SV Sandhausen, sorgte per Kopfball kurz darauf für den 1:1-Ausgleich.

Die 96-Fans schalteten nach dem 1:1 in den Feiermodus und bereits fünf Minuten vor dem Abpfiff bauten sich einige von ihnen am Spielfeldrand auf. 96-Coach André Breitenreiter versuchte mit seinen Ersatzspielern und Mitarbeitern auf der Bank, die Fans „zurückzuschieben, damit das Spiel nicht abgebrochen würde". 96 bekam Unterstützung vom umsichtigen Schiedsrichter Cortus, der das Spiel genau nach 90 Minuten ohne Nachspielzeit beendete. Direkt nach seinem Abpfiff stürmten die 96-Fans auf den Platz und feierten ihre Helden und den Aufstieg. Der 96-Trainer flüchtete in die Kabine, Salif Sané wurde auf den Schultern der Fans vom Platz getragen und die 96-Spieler mit Sprechchören gefeiert. Die Mannschaft zeigte sich 20 Minuten nach Abpfiff noch einmal auf der Tribüne in den Aufstiegs-Shirts. Die Spieler feierten danach in der 96-Kabine den Aufstieg: „Nie mehr zweite Liga!" André Breitenreiter bedankte sich bei den Fans: „Eine unglaubliche Atmosphäre herrschte im Stadion. Wir können alle stolz sein, dass wir es gepackt haben." Am Tag danach feierten Fans und Mannschaft rund um das Rathaus in Hannover den Aufstieg ausgiebig.

Hannover 96: Tschauner, Felipe, Hübner, Albornoz, Sorg, Fossum (65. Schmiedebach), Anton, Karaman, Bakalorz, Klaus (88. Benschop), Füllkrug (77. Sobiech)
Schiedsrichter: Cortus (Rothenbach)
Zuschauer: 12.470 im Hardtwaldstadion in Sandhausen
Tore: 1:0 Pledl (57.), 1:1 Hübner (60.)

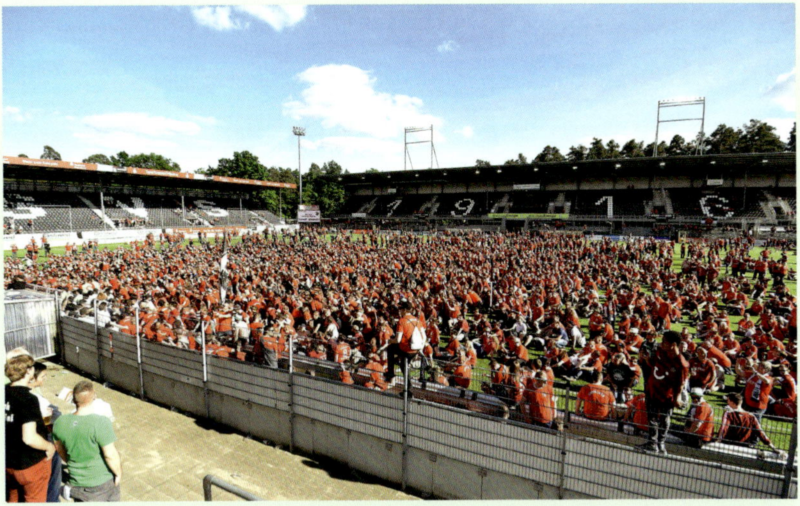

Platzsturm nach dem Aufstieg: 96-Fans fluten das Hardtwaldstadion in Sandhausen.
(imago/Jan Hübner)

Bundesliga

75 Sekunden bis zum Tor-Debüt von „Henne“

25. August 2018: Werder Bremen – Hannover 96 1:1 (0:0)

1:1 – ein „gerechtes Unentschieden“, fanden nach dem ersten Spiel der Saison 2018/2019 im August 2018 im Bremer Weserstadion Trainer, Spieler und Fans beider Mannschaften. Hannover 96 wehrte sich kämpferisch gegen technisch überlegene Bremer. Es entwickelte sich ein intensives Spiel mit zahlreichen guten Kombinationen auf beiden Seiten. Als in der 67. Minute Werder den 39-jährigen Pizarro im Sturm einsetzte, gab es zahlreiche Torchancen für die Bremer. Viermal landeten seine Bälle auf statt im Netz des 96-Tores.

Dann kam ein Neuling bei Hannover 96, den fast keiner kannte. Hendrik Weydandt schoss 75 Sekunden nach seiner Einwechslung sein allererstes Bundesliga-Tor (76.). Der 23-jährige mit dem Spitznamen „Henne“ traf nach einer Vorlage von Ihlas Bebou zum 1:0 ins Bremer Tor. Danach erfuhr ganz Fußball-Deutschland, dass dieser Spieler vier Jahre zuvor noch in der Kreisliga in Groß Munzel gestürmte hatte, nie ein Nachwuchs-Leistungszentrum eines Bundesligisten besucht hatte und eigentlich als Stürmer für die 2. Mannschaft in der Regionalliga vom Nachbarn Egestorf-Langreder zu Saisonbeginn zu Hannover 96 gewechselt war.

Vor seiner Einwechslung gab es ein paar Sekunden Verzögerung: Vor Nervosität vergaß das Sturmtalent zunächst seine Schienbeinschoner anzulegen, bevor er das Spielfeld betrat. Doch spätestens 75 Sekunden nach seiner Einwechselung wich die Nervosität der puren Freude. Spät zerstörte der Bremer Gebre Selassie dann die Hoffnungen auf einen Auswärtssieg durch seinen Ausgleichstreffer aus abseitsverdächtiger Position.

Hannover 96: Esser, Ostrzolek, Wimmer, Anton, Sorg, Maina (61. Haraguchi), Schwegler (57. Bakalorz), Walace, Bebou, Asano (75. Weydandt), Füllkrug
Schiedsrichter: Dr. Brych (München)
Zuschauer: 42.100 im Weserstadion Bremen
Tore: 0:1 Weydandt (76.), 1:1 Gebre Selassie (85.)

Bundesliga

Dreierpack durch „Lücke"

13. Januar 2018: Hannover 96 – Mainz 05 3:2 (2:2)

Auftakt zu Bundesliga-Rückrunde: drei Tore Niclas Füllkrug. Einen Dreierpack für das Team aus der Stadt, in der der Spieler auch geboren wurde, dies gelang bei Hannover 96 zuvor lediglich Fred Hoff 1965 gegen den 1. FC Kaiserslautern.

Aber Niclas „Lücke" Füllkrug kann Dreierpacks. 2013 erzielte er beim 6:2-Sieg seiner Fürther in Aue in 12 Minuten einen echten Hattrick sowie ein viertes Tor zum Endstand und auch 2016 gelangen ihm für den 1. FC Nürnberg gegen Union Berlin drei Treffer. „Aber Bundesliga ist noch mal etwas anderes", sagte ein glücklicher Niclas Füllkrug nach dem 3:2-Sieg gegen Mainz 05. Gleiches schaffte er 2020 beim 3:1-Sieg von Werder Bremen über Schalke 04.

Nach 31 gespielten Minuten deutete in der HDI-Arena nichts darauf hin, dass dieses Spiel noch zum Spiel des Niclas Füllkrug werden könnte. Das 96-Team lag nach Toren von Muto und Hack bereits 0:2 zurück. Doch dann begann die Füllkrug Show: Nach einer Ecke von Pirmin Schwegler köpfte er zum 1:2 ins Mainzer Tor, nach einem Foul an Felix Klaus versenkte er den fälligen Strafstoß sicher zum 2:2-Halbzeitstand. Nach zahlreichen taktischen Umstellungen in der Halbzeitpause wurde 96 nun deutlich stärker und dominierte zunehmend das Spiel. Beim 3:2 reagierte Füllkrug gedankenschnell, als ihm im Strafraum ein abgefälschter Ball vor den linken Fuß fiel, den er zum 3:2-Siegtreffer einschoss (75.).

Der gebürtige Hannoveraner hatte lange gebraucht, um in seiner Heimatstadt als Profi Fuß zu fassen. Als F-Jugendlicher schoss er in einer Saison 162 Tore für den TuS Ricklingen. Doch statt bei Hannover 96 reifte er im Internat von Werder Bremen zum Bundesligaprofi. Nach Zweitliga-Stationen bei Fürth und Nürnberg kehrte Füllkrug im Juli 2016 zu Hannover 96 zurück, erzielte in der Saison 2016/2017 den prestigeträchtigen Siegtreffer im Derby gegen Eintracht Braunschweig und war maßgeblich am Bundesligaaufstieg beteiligt.

Hannover 96: Esser, Sorg, Sané, Anton, Korb (46. Fossum), Schwegler (62. Karaman), Bakalorz, Ostrzolek, Bebou (90. Hübner), Füllkrug, Klaus
Zuschauer: 34.500 in der HDI Arena in Hannover
Schiedsrichter: Dankert (Brüsewitz)
Tore: 0:1 Muto (26.), 0:2 Hack (31.), 1:2 Füllkrug (33.), 2:2 Füllkrug (38./Foulelfmeter) 3:2 Füllkrug (75.)

2. Bundesliga

Letztes Spiel vor der Corona-Pandemie

6. März 2020: 1. FC Nürnberg – Hannover 96 0:3 (0:2)

Beim Duell der beiden Bundesliga-Absteiger im März 2020 handelte es sich zwar nur um ein Duell im Mittelfeld der 2. Bundesliga-Tabelle – aber nach dem Spiel erhielt dieses Spiel bundesweit Berühmtheit. Hannover gewann im März 2020 beim 1. FC Nürnberg verdient mit 3:0 (2:0) und kletterte auf den neunten Tabellenplatz. Timo Hübers mit seinem ersten Profitor, Linton Maina per Linksschuss aus spitzem Winkel und Hendrik Weydandt sicherten den Auswärtssieg beim 1. FC Nürnberg. 96 verwaltete die frühe Führung souverän. Mit dem zweiten Sieg in Folge konnte sich Hannover 96 erstmal deutlich von den Abstiegsrängen entfernen. Nach der Partie machten die Verantwortlichen des FCN öffentlich, dass es im Umfeld des Spiels Drohungen gegen „Club"-Profis gegeben hatte. Der Verein schaltete daraufhin die Polizei ein. Nürnbergs Sportvorstand Palikuca sprach von „eindeutigen Drohungen" und bezeichnete die Aktion als „widerlich und geschmacklos".

Aber nach dem Spiel wurde es noch ungewöhnlicher: 96-Profi Timo Hübers wurde am 11.3.2020 als erster deutscher Fußballprofi positiv auf das Coronavirus getestet und begab sich daraufhin sofort in häusliche Quarantäne. Kurze Zeit später wurde bei seinem Mitspieler Jannes Horn ebenfalls das Covid19-Virus nachgewiesen. Nun wurde das gesamte 96-Team, der Trainerstab und der gesamte Staff vom Gesundheitsamt der Stadt Hannover für 14 Tage in häusliche Quarantäne geschickt. Die folgenden Punktspiele von Hannover 96 fielen aus. Auch der gesamte Profikader sowie die Trainer und Betreuer des 1. FC Nürnberg wurden einem Test unterzogen – aber ohne Befund. Nach diesem Spiel hatte das Covid-Virus auch den Profi-Fußball ohnehin für lange Zeit fest im Griff. Nach einer längeren Spielpause kam es zu Spielen ohne Zuschauer, täglichen Tests bei den Spielern und umfangreichen, von der DFL verfügten Hygiene-Maßnahmen.

Hannover 96: Zieler, Jung, Hübers, Elez, Horn, Haraguchi, Anton, Kaiser, Maina (90.+1. Muslija), Guidetti (65. Weydandt), Teuchert (78. Prib)
Schiedsrichter: Schmidt (Sillenbuch)
Zuschauer: 28.000 im Max-Morlock-Stadion in Nürnberg
Tore: 0:1 Hübers (18.), 0:2 Maina (27.), 0:3 Weydandt (90.+1.)

Neue Derbyhelden werden gefeiert

3. Oktober 2020: Hannover 96 – Eintracht Braunschweig 4:1 (0:0)

Dies 4:1 im Niedersachsen-Derby war in der 2. Bundesliga der höchste 96-Sieg über Eintracht Braunschweig. Nur in der Regionalliga Nord gelang 96 im Februar 1997 mit einem 4:0 ein noch deutlicherer Heimerfolg im traditionellen Niedersachsenderby.

Das Team von Trainer Kenan Kocak bewies vor den aufgrund der Corona-Beschränkungen nur 7.300 Zuschauern eindrucksvoll seine spielerische Klasse, aber Hannover 96 fehlte in der ersten Hälfte die Durchschlagskraft im Angriff.

Das sollte sich zu Beginn 2. Halbzeit rächen: Martin Kobylanski, Sohn des ehemaligen 96-Profis Andrzej Kobylanski, schoss Braunschweig aus dem Nichts in Führung. Doch Trainer und Team blieben cool. „Ich hatte nach dem 0:1 keine Zweifel an meiner Mannschaft", sagte 96-Trainer Kenan Kocak nach dem Spiel.

Der Ausgleich durch Linton Maina in der 54. Minute nach einem energischen Solo von Genki Haraguchi sorgte für erste Entspannung in der Arena. In der 71. Minute ballerte Hendrik Weydandt dann eine Ducksch-Hereingabe elegant ins linke Braunschweiger Toreck zum 2:1. Niklas Hult (74.) und Genki Haraguchi (86.) stellten mit ihren Toren den klaren Derbysieg sicher.

Hendrik Weydandt schrie nach dem Spiel sein Glück in die Fankurve, in der er beim Derby drei Jahre zuvor selbst noch gestanden und Niclas Füllkrug gefeiert hatte, als der Stürmer das 1:0 zum letzten Derbysieg geköpft hatte. Diesmal ebnete Weydandt mit seinem Tor zum 2:1 den Weg zum Derbysieg. „Ein unbeschreibliches Gefühl", er könne das nicht in Worte fassen. Die Zuschauer in der HDI-Arena aber umso besser. „Hendrik Weydandt, du bist der beste Mann", sangen sie. Weydandt, der wie sein Vorgänger Füllkrug aus der Region stammt, fügte seinem persönlichen Fußballmärchen ein weiteres Kapitel hinzu: Vom Kreisligaspieler zum Bundesliga-Stürmer und nun zum Derbyhelden.

Hannover 96: Esser, Schindler, Franke, Hübers, Hult, Kaiser (89. Muslija), Frantz (64. Bijol), Maina (83. Twumasi), Weydandt, Ducksch (83. Sulejmani), Haraguchi (89. Basdas)
Schiedsrichter: Siebert (Berlin)
Zuschauer: 7.300 in der HDI Arena in Hannover
Tore: 0:1 Kobylanski (51.), 1:1 Maina (54.), 2:1 Weydandt (71.), 3:1 Hult (74.) 4:1 Haraguchi (86.)

DFB-Pokal

Beier schießt 96 ins Glück

19. Januar 2022: Hannover 96 – Borussia Mönchengladbach 3:0 (2:0)

Im DFB-Pokal erwarten die Fans stimmungsvolle Spiele und spannende „Alles oder nichts"-Partien, unterklassige Vereine hoffen auf eine Sensation. Diese schaffte Fußball-Zweitligist Hannover 96 im Achtelfinale gegen Bundesligist Borussia Mönchengladbach. Das Team von 96-Neutrainer Christoph Dabrowski zeigte beim 3:0-Sieg vor Corona-bedingt nur 500 zugelassenen VIP-Zuschauern eine bärenstarke Leistung und siegte als Zweitligist über Borussia Mönchengladbach, wie schon 1992 beim legendären DFB-Pokal-Finale.

96-Torhüter Ron-Robert Zieler hielt sein Tor sauber und vorn erledigte der von Hoffenheim ausgeliehene Maximilian Beier die Gladbacher Elf fast im Alleingang „Es war ein perfekter Pokal-Abend. Für uns war es richtig geil, eine Runde weiterzukommen und das gegen den Gegner, der in der 2. Runde Bayern München mit 5:0 besiegt hatte", so Zieler nach dem Spiel.

96 legte einen Blitzstart hin. Die erste Möglichkeit von Gladbachs Stindl wehrte 96-Keeper Zieler ab und 96 nutzte im Gegenzug die erste Chance zur Führung. Nach einem präzisen Pass von Hendrik Weydandt war Maximilian Beier im Strafraum völlig frei und schoss wuchtig an Yann Sommer vorbei zur 1:0-Führung. 96 zeigte einen beherzten Pokalfight und glänzte mit Spielfreude und vielen Torchancen. Das 2:0 erzielte Sebastian Kerk per Handelfmeter nach Videobeweis – ein Torschuss von Beier wurde vom Gladbacher Friedrich per Hand gestoppt. Gael Ondua hätte nach einer Ecke sogar fast das 3:0 erzielt.

Dies ließ nach der Halbzeit nicht lange auf sich warten. Nach einer Gladbacher Ecke überrannten Linton Maina und Maximilian Beier per Konter die Gegner. Beier behielt vor dem Gladbacher Tor die Nerven und erhöhte mit dem Außenrist auf 3:0 (51.). Borussia versuchte noch einmal alles, aber Zieler blieb ohne Gegentor, sodass 96 souverän die nächste Runde erreichte. Hier erwies sich allerdings der spätere Pokalsieger RB Leipzig als zu stark.

Hannover 96: Zieler, Dehm, Franke, Börner, Hult (78. Ochs), Ondoua, Kerk (64. Ernst), Kaiser, Beier (72. Ennali), Weydandt (72. Teuchert), Maina (64. Stolze)
Schiedsrichter: Badstübner (Windsbach)
Zuschauer: 500 in der HDI Arena in Hannover
Tore: 1:0 Beier (4.), 2:0 Kerk (36./Handelfmeter), 3:0 Beier (51.)

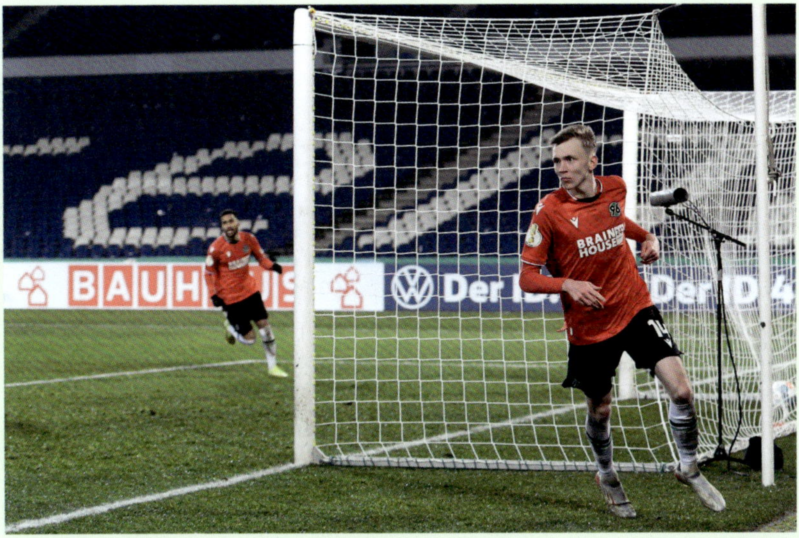

Die Beier-Show: Maximilian Beier dreht lässig nach seinem 3:0 ab; hinten Vorlagengeber Linton Maina (imago/Revierfoto)

Danksagung

Ich schulde einer Reihe von Personen meinen Dank, die tatkräftig geholfen haben, dieses Buch über 90 Spielminuten fertig zu stellen. Insbesondere bedanke ich mich bei Hans Heinrich Kellner und Sebastian Kurbach, die mich tatkräftig mit Archivmaterial über Hannover 96 unterstützt haben. Dank gilt auch meinen ehemaligen Chefs Andreas Kuhnt und Heiko Rehberg, die den Anstoß für dieses Buch geliefert haben. Dank gilt auch meinen aktuellen und ehemaligen Kollegen/innen in der Hannover 96 Pressestelle sowie den aktiven und ehemaligen Kollegen/innen der Hannover 96-Geschäftsstelle, mit denen ich in den letzten knapp 25 Jahren vertrauensvoll zusammengearbeitet habe.

Ein besonderer Dank gilt 96-Chef Martin Kind und Christian Becker, Chef des Arete Verlags in Hildesheim für die tatkräftige Unterstützung.

Mein Dank gilt auch den zahlreichen ehemaligen 96-Spielern, die mir mit persönlichen Informationen, Aufzeichnungen, Fotos sowie in zahlreichen Gesprächen bei den Fakten für dieses Buch geholfen haben. Wo ich längere Aussagen zitiert habe, wurde dies mit An- und Abführungszeichen kenntlich gemacht.

Ganz besonders danke ich Claudia und Christopher Köster für ihre wundervolle Unterstützung und die endlose Geduld bei der Entstehung dieses Buches.

Und natürlich Dank an alle, die ich vergessen habe, namentlich zu erwähnen.

Literatur und Quellen

Bei einigen Spielen aus der langen Vereinsgeschichte von Hannover 96 fehlen gerade aus den Anfangsjahren Informationen zu Aufstellungen, Torschützen usw. – dies bitten wir zu entschuldigen.

Für dieses Buch wurden unzählige Quellen, Zeitungsarchive, Fachbücher, Unterlagen aus dem Archiv von Hannover 96 gesichtet und natürlich auch bei anderen Vereinen, Verbänden und Personen historisches Material über interessante Spiele von Hannover 96 gesucht. Dafür sagen wir allen Beteiligten herzlichen Dank, denn ohne ihre Mithilfe hätten wir dieses Buch kaum erstellen können.

Ein ganz besonderer Dank geht dabei an alle Journalisten/innen, die in Zeitungen und Zeitschriften wie der Aachener, Berliner, Braunschweiger, Dessauer Zeitung, Frankfurter Allgemeine, Hannoverscher Anzeiger, HA Sport, Hannoversche Allgemeine Zeitung, Hannoversche Presse, Hannoversche Neue Presse, Leipziger Zeitung, Neuen Hannoverschen Kurier, Neue Presse, Kicker und seinem Vorläufer Sport-Magazin, der Peiner Zeitung, der BILD Hannover, der Allgemeinen Sportzeitung Berlin, DPA, SID, Bundesliga.de, DFB.de, UEFA.com. und Wikipedia sowohl in der Vergangenheit als auch aktuell über Hannover 96 berichtet haben. Wo längere Abschnitte zitiert worden sind, wurde dies kenntlich gemacht.

Weitere Fußball-Bücher aus dem Arete Verlag

Hardy Grüne
Fußballheimat Niedersachsen & Bremen
100 Orte der Erinnerung
216 Seiten, kartoniert, € 18,–
ISBN 978-3-96423-015-7

Sascha Kurzrock
Fußball – eine Deutschlandreise
100 Orte zum Entdecken, Erkunden und Erleben
280 Seiten, Hardcover, € 24,–
ISBN 978-3-96423-086-7

Albrecht Breitschuh
Ein Schuss! Ein Tor! Die Bayern!
Aber manchmal gewinnen auch die anderen ...
240 Seiten, kartoniert, € 20,00
ISBN 978-3-96423-087-4

Miriam Bernhardt & Hermann Schmidt
„Männer trinken keine Fanta"
Eisenfüße, Laufwunder und andere Originale der Fußball-Bundesliga
232 Seiten, kartoniert, € 18,-
ISBN 978-3-96423-047-8

Denis de Haas & Peter Plum
Schweigeminute Fußball-Bundesliga
Verstorbene Stars in über 50 Jahren Bundesliga
146 Seiten, Klappenbroschur, € 18,-
ISBN 978-3-96423-077-5

Klaus-Hendrik Mester
Die coolsten Clubs der Welt
40 besondere Vereine rund um den Fußball-Globus
212 Seiten, Klappenbroschur, € 19,80
ISBN 978-3-96423-046-1

Arete Verlag • Osterstr. 31-32 • 31134 Hildesheim • www.arete-verlag.de